W9-AKR-485

AVENTURAS DEL ALMA

Si este libro le ha interesado y desea que lo mantengamos
informado de nuestras publicaciones, puede escribirnos a
comunicacion@editorialsirio.com,
o bien registrarse en nuestra página web:
www.editorialsirio.com

Título original: ADVENTURES OF THE SOUL
Traducido del inglés por Julia Fernández Treviño
Diseño de portada: Editorial Sirio, S.A.

©   de la edición original
      2014 James van Praagh
      Originalmente publicado en 2014 por Hay House Inc. USA

      Para escuchar la radio de Hay House, conectar con www.hayhouseradio.com

©   de la presente edición
      EDITORIAL SIRIO, S.A.

EDITORIAL SIRIO, S.A.	**NIRVANA LIBROS S.A. DE C.V.**	**ED. SIRIO ARGENTINA**
C/ Rosa de los Vientos, 64	Camino a Minas, 501	C/ Paracas 59
Pol. Ind. El Viso	Bodega nº 8,	1275- Capital Federal
29006-Málaga	Col. Lomas de Becerra	Buenos Aires
España	Del.: Alvaro Obregón	(Argentina)
	México D.F., 01280	

www.editorialsirio.com
sirio@editorialsirio.com

I.S.B.N.: 978-84-16233-18-2
Depósito Legal: MA-1769-2014

Impreso en Imagraf Impresores, S. A.
c/ Nabucco, 14 D - Pol. Alameda
29006 - Málaga

Impreso en España

JAMES VAN PRAAGH

AVENTURAS
— DEL —
ALMA

entre el mundo físico y el espiritual

editorial irio

Para Debbie Ford.
Gracias por acercar las sombras a la luz.
Con amor, James

Introducción

Quienes hayan leído mis libros anteriores encontrarán que este es un poco diferente.

La diferencia reside en que esos libros estaban basados en los miles de lecturas que hice como médium profesional a lo largo de los últimos treinta años. Cuando mi primera obra, *Talking to Heaven,*[1] apareció en escena en 1996, el tema de la mediumnidad y la posibilidad de hablar con los muertos no formaba parte del espíritu cultural de la época. Pero ahora estamos en 2014 y las series *Ghost Whisperer*[2] y *Medium*[3] ya se han emitido durante varias temporadas, *El sexto sentido* fue nominada a mejor película, *Ghost*[4] fue adaptada como musical en Broadway y algunos médiums muy famosos (a muchos de los cuales considero amigos) están compartiendo sus dones con el mundo.

He dejado de hacer lecturas privadas (excepto, ocasionalmente, en eventos de organizaciones benéficas) y ahora dedico mi energía a entrenar a otras personas para que desarrollen sus propios dones psíquicos; también les sirvo de guía para que puedan iniciarse en el viaje de ayudar a los demás, si eso es lo que desean. Viajo por todo el mundo para dar conferencias sobre espiritualidad porque me produce muchísima satisfacción revelar las maravillas del Espíritu y abrir la mente de las personas para que acepten esa dimensión. Y, por supuesto, durante esos eventos hago demostraciones de mi capacidad para ponerme en contacto con la conciencia de aquellos que ya no habitan en el plano físico.

Esto es precisamente lo que quiere ver la mayoría de quienes asisten a mis conferencias; sin embargo, nunca dejo de ofrecerles una visión saludable de lo que es verdaderamente importante: que la «muerte» no existe y que la idea de que la vida en la Tierra es nuestra verdadera naturaleza no es más que una ilusión. Tú eres un alma eterna que no tiene principio ni fin, pero mientras estás encarnado en esta dimensión física solo eres consciente del *ahora*. Nuestros sentidos humanos filtran la totalidad de lo que realmente somos y, por lo tanto, somos incapaces de tener una visión general.

Tal como explicaré en este libro, hay varias formas de vislumbrar nuestra verdadera naturaleza: a través de la meditación, de las experiencias fuera del cuerpo, de lo que nos cuentan todos los que han sobrevivido a experiencias cercanas a la muerte, de aquellos que han regresado a vidas pasadas y de la información ofrecida a través de los médiums. Como persona que ha sido bendecida con la capacidad de comunicarse con las almas que se han trasladado a los reinos espirituales, no puedo negar lo que he vivido. Si nada de eso me hubiera sucedido, es muy probable que también fuera escéptico.

Si me preguntarais qué es lo que he aprendido a lo largo de mi carrera como médium, respondería que lo más importante que podemos hacer los seres humanos es utilizar la energía del amor. La Tierra es un sitio muy ajetreado y somos constantemente bombardeados con desafíos y obstáculos. Nos animan a que nos diferenciemos de los demás y nos recompensan por ello. Nos inducen a equiparar el éxito con el dinero (o la fama), que no es más que un falso Dios. Los Beatles lo resumieron muy claramente en una canción: *All you need is love* (Todo lo que necesitas es amor).

Imagina que tu alma es como un largo y caudaloso río que fluye y serpentea y, en algunos momentos, se detiene formando una poza. Esa poza representa una reencarnación en el mundo físico. Poco después, el río vuelve a fluir otra vez hasta llegar a otra poza. Aunque se detenga por unos instantes, siempre hay movimiento, siempre hay un destino y siempre hay evolución. El río puede cambiar su curso pero tiene un objetivo final. La misión de tu alma es amar.

Mi deseo es que la lectura de este libro te ayude a comprender que la «vida» no se reduce a lo que puedes percibir con tus cinco sentidos. Por ejemplo, desde mi casa veo el parque que está al otro lado de la calle y puedo observar a las ardillas que viven en él. Ellas habitan en un espacio finito y eso es todo lo que conocen. Ese es su mundo. No tienen la menor idea de que fuera del parque hay un gran planeta que podrían recorrer a su antojo. Esa posibilidad ni siquiera existe en su radar.

La evolución nos ha dado a los seres humanos la capacidad de considerar la existencia de otros universos y otras dimensiones. Mientras utilicemos nuestro cerebro humano para procesar la información, ¿seremos capaces de conocer algún día la verdadera respuesta de por qué estamos aquí? ¿Acaso nos han proporcionado otra forma de acceder a los misterios del universo? Y, por otra parte, ¿es realmente nuestro propósito conocerlos? Tengo la esperanza de que este libro te sirva para iniciar una búsqueda personal con el objetivo de encontrar las respuestas.

Si me acompañas, te ayudaré a recorrer un camino a través del espacio y del tiempo, así como de los reinos celestiales que conducirán a tu alma, tu río, al mar del amor.

JAMES VAN PRAAGH

Primera parte

¿Qué es el alma?

Capítulo 1

Cuerpo, alma y espíritu

Desde el inicio de los tiempos, la humanidad ha intentado comprender el concepto de alma. A lo largo de generaciones, teólogos, académicos, filósofos e incluso músicos han tratado de describir el alma de una forma fácilmente asimilable para que nosotros, los seres humanos racionales, pudiéramos comprenderla. Creo que los términos «alma» y «espíritu» se usan todavía de forma intercambiable, sin que se explique ni se entienda exactamente su verdadero significado.

Después de trabajar durante los últimos treinta años como mensajero del mundo espiritual, también me he embarcado en una búsqueda personal para descubrir la definición correcta del alma y conocer cómo funciona. Soy un maestro y un modelo para los demás y, por consiguiente, lo considero imperativo. Cuando me siento a meditar, doy una clase o transmito mensajes, suelo preguntar mentalmente a mis guías y a los espíritus que me visitan cómo podemos los seres humanos llegar a comprender la naturaleza del alma.

Estoy cada vez más convencido de que hay que pensarlo en términos de una *Santísima Trinidad*. Reconozco que suena religioso pero me han inculcado la fe católica y, utilizando la terminología que está grabada en mis archivos cerebrales, creo que es solo Espíritu. Como no soy científico ni matemático, el Espíritu no me proporcionará fórmulas que no soy capaz de comprender. Tampoco soy ingeniero ni teólogo; soy solamente un individuo de Queens que fue criado como católico.

Sin embargo, el concepto de «Santísima Trinidad» que me viene a la mente durante la meditación y el estudio es diametralmente diferente a la idea de «Padre, Hijo y Espíritu Santo» que me enseñaron en las clases de catequesis. Si tuviera que hacer una analogía, diría que el «Padre» es el *Espíritu*, el «Hijo» es el *cuerpo* y el «Espíritu Santo» es el *alma*. («Madre» e «Hija» podrían intercambiarse fácilmente con «Padre» e «Hijo»; sin embargo, la mayoría de nosotros estamos familiarizados con el lenguaje patriarcal debido a siglos de tradición).

Esta es mi visión de la conexión que existe entre el Espíritu, el hombre y el alma.

EL CUERPO: EL ESPÍRITU COMO ALMA

El cuerpo es la parte de nosotros mismos que se desarrolla a partir del embrión y se transforma en una máquina compuesta por células, órganos y músculos. El cuerpo es eso que lavamos, vestimos, alimentamos y mantenemos. Al igual que ocurre con un coche, cuanto mejor lo mantengas (y con un poco de suerte), mejor funcionará y más tiempo te acompañará.

El Espíritu entra en el cuerpo en forma de alma entre el momento la concepción y el nacimiento. El alma es el Espíritu encarnado. No debes considerarte un cuerpo que tiene un alma, sino un Espíritu que necesita un cuerpo. El Espíritu lo impregna *todo*, y dentro de mí (en este cuerpo que llamo James Van Praagh) está mi alma.

Mientras estoy en la Tierra soy un Espíritu que en esta dimensión necesita una forma física para poder experimentar diversos estados y aprender lecciones que no serían posibles en otros reinos. Disfruto de la comida, del arte, de la literatura, de la música y de otras cosas que le hablan a mi alma y la alimentan. Mi alma experimenta amor, odio, traición, compasión, perdón, empatía, etc. La Tierra es un aula y el alumno es el alma.

El alma: nuestro ser eterno e interdimensional

Mi alma es exclusivamente mía pero, al mismo tiempo, está conectada con todo. Nuestros sentidos físicos filtran esa conexión y podría parecer que no siempre existe. La emoción del amor y también algunas circunstancias en particular, como los trágicos sucesos del 11 de septiembre, pueden hacernos sentir esa conexión. Todos estamos hechos de la misma energía, pero la Tierra nos proporciona tantas apariencias físicas diferentes que no siempre es fácil aceptarlo.

A menudo oyes a personas que dicen «soy Dios y es verdad. Nuestras almas son el Espíritu, Dios, Alá, lo Divino (cualquiera que sea la forma que elijas para nombrarlo) en la Tierra. Nuestro cuerpo sufre las limitaciones de la dimensión física pero nuestra alma está fuera del espacio y del tiempo lineal, y trasciende nuestro ser físico.

Es la característica esencial de nuestro ser y la conciencia de quiénes somos. Nuestras almas han atravesado muchos océanos de vidas, experiencias y expresiones del ser. El alma tiene infinitas posibilidades creativas para manifestarse y una forma muy peculiar de desarrollarse y expresarse. El término mediúmnico que elijo para describir el modo de ponerme en contacto con un ser descarnado es «comunicación de alma a alma».

En cierta ocasión, estaba intercambiando opiniones sobre el concepto de alma con mi buena amiga Debbie Ford,[5] gran consejera espiritual y autora de *The Shadow Process*.[6] Ella definió el alma como esa parte de nosotros que nunca muere, que lleva consigo todos los mensajes y las lecciones del pasado y los transporta hacia el futuro. Su descripción me encantó. Le comenté que a través de mi trabajo había observado que una vez que un alma vuelve a su hogar en el mundo espiritual, yo puedo comunicarme con el *alma* pero no con el *Espíritu*. Y esta es una diferencia muy importante.

(Poco tiempo después de esa conversación, mi querida Debbie inició su transición pero, afortunadamente, todavía puedo recibir sus mensajes. Aunque sufrió un gran conflicto emocional por tener que dejar a su hijo, familia y amigos en el mundo físico, lo primero que me comunicó después de su transición fue: «¡Oh, querido amigo, todo ha sido tan sencillo!».)

Los reinos espirituales

El alma lleva en su interior todos los recuerdos de nuestras experiencias físicas a lo largo de eones de tiempo y existencia. Pero cuando iniciamos el tránsito hacia los reinos espirituales, nuestra conciencia se abre a la grandiosa totalidad que no solo incluye nuestra propia alma sino también el vasto conocimiento del Espíritu.

Me gusta el versículo de la Biblia Juan 14,2: «En la casa del Padre hay muchas moradas...». Creo que estas palabras se refieren a los diferentes planos que hay en los reinos espirituales hacia los que van las almas cuando muere el cuerpo humano. Nuestra alma se dirige a uno u otro plano según cuáles hayan sido nuestros pensamientos, palabras y actos en la Tierra. Estoy hablando de los planos astrales, mentales y celestiales.

- Tu cuerpo astral contiene tu personalidad, tu memoria y tu mente. Cuando tu cuerpo físico muere, tu «yo real» permanece todavía en tu cuerpo astral y toma conciencia de la vida que existe fuera del cuerpo humano, en la dimensión espiritual a la que tus actos terrenales te han conducido.

  » El plano astral inferior atrae a las almas menos evolucionadas que no han aprendido las lecciones del amor y del respeto.
  » El plano astral intermedio atrae a todos los que necesitan descansar y recuperarse después de una larga enfermedad física o debido a experiencias traumáticas o creencias inflexibles.
  » El plano astral superior es lo que nosotros los humanos llamaríamos el cielo, un lugar que ofrece a las almas la oportunidad de desarrollar su conciencia espiritual.

- Es en este último plano donde el alma decidirá finalmente si regresa al plano terrenal para adquirir más experiencias o si se aventura en el plano mental. Este nivel ofrece la posibilidad de desarrollar el alma individual de forma ilimitada; desde él se puede acceder a la sabiduría acumulada a lo largo de los siglos.

- El reino superior es el plano celestial, el sitio donde el alma individual se funde con la vida universal. Allí están Cristo, Buda y otros grandes líderes espirituales.

Desearía poder expresar todo lo que Debbie y muchas otras almas han compartido conmigo sobre los reinos del Espíritu (nuestro estado natural y nuestro verdadero hogar), pero mientras esté en la Tierra cuento únicamente con un cerebro humano que solo puede comprender esta dimensión física. Las palabras que utilizamos los mortales no pueden describir el amor y la paz que sentimos después de «habernos despojado de nuestra envoltura física».

Por ser el alma una combinación de los cuerpos mental, emocional y físico, no se compone exclusivamente de todos nuestros recuerdos terrenales sino de todo lo que somos; no es solamente lo que en la dimensión física percibimos como «vida»: comprende también nuestro ser eterno e interdimensional. Cuando nuestra alma vuelve a reunirse con el Espíritu, es muy consciente de cómo ha vivido su vida más reciente y de la repercusión que ha tenido en otras almas. El alma es también el depósito de la sabiduría, del amor y de las experiencias cosechadas vida tras vida. Todo lo que hemos vivido está guardado en la memoria del alma.

CUERPO, ALMA Y ESPÍRITU

El Espíritu: la chispa Divina

La palabra «Espíritu» procede del término latino *spiritus*, que significa «aliento». Cuando pienso en el Espíritu, pienso en la esencia, la energía, la chispa divina que anima y enciende nuestras almas. Tu espíritu es la forma o el aspecto superior de lo que tú eres, carece de cualquier tipo de personalidad o carácter humano. Es la unidad de todas las cosas. Probablemente, alguna vez habrás oído la expresión «el aliento de Dios», que significa Espíritu. Lo que anima nuestras almas y, a su vez, les permite expresarse en el cuerpo físico es precisamente el aliento de Dios.

Existe solamente UNA fuente de energía, y dicha fuente es el Espíritu. Hay quienes lo llaman Dios, pero esa palabra tiene un matiz religioso que algunas personas rechazan. La historia de la religión ha convertido al Espíritu en un anciano con barba que juzga y bendice a su antojo, pero nada más lejos de la verdad. Recuerdo que en catequesis las monjas nos enseñaban que Dios está en todas partes. Ahora sé que eso es verdad, pero cuando era niño me imaginaba un hombre mayor observándome constantemente por encima del hombro y juzgándome; y no era muy divertido.

Me doy cuenta ahora de que yo soy Dios, mi perro es Dios, cada planta y cada insecto de mi jardín es Dios, y el aire que respiro también es Dios. La palabra «Dios» está cargada de la connotación religiosa de un ser omnipotente que está separado de nosotros y que es más importante. Yo no lo creo. De hecho, he realizado un esfuerzo para usar el término «Uno» en su lugar cuando hablo de Dios. Es un acrónimo que he creado y que significa «Energía omnipresente y nutriente».[7] Cuando alguien dice: «Creo en Dios» o

«Dios está muerto», la conversación tiene que recurrir a la semántica o a la definición de lo que esa persona cree que es Dios. Para mí, Dios es una energía, y yo estoy hecho de ella. No estoy separado de Dios, y tampoco de nada de lo que ves a tu alrededor.

El ateísmo es rechazar la creencia en una deidad. Yo no creo en deidades, pero no me etiquetaría como ateo. Creo en una energía amorosa que lo permea y lo anima todo. Quienes creen en esa energía y quienes creen en el Dios del Antiguo Testamento usan la misma palabra, y es ahí donde llegamos a la confusión y al conflicto.

ELECCIONES Y LECCIONES

Nuestras almas son estimuladas por el Espíritu, que se expresa a través del cuerpo físico. Sus expresiones se ponen de manifiesto en las decisiones que tomamos en nuestra vida.

Si observas el mundo que nos rodea, comprobarás que las distintas almas pueden elegir entre una gran variedad de opciones y expresiones. Ningún alma es igual a otra, pero, en lo esencial, son una misma cosa. Todas las almas tienen diferentes experiencias vitales, y, en cierto sentido, determinan nuestra forma de ver la vida y las diversas maneras de vivirla. Las almas pueden expresarse a través de una vida de compasión, tolerancia, juicio o violencia.

Vuelvo a repetir que este mundo físico es nuestra aula, un sitio donde el alma vive experiencias «humanas» y aprende de ellas. Todas nuestras vivencias nos moldean. El alma retorna a su hogar, el Espíritu, una vez que ha aprendido todas sus lecciones. Cuando abandona esta dimensión física, la energía del Espíritu se conserva completamente intacta.

Siempre que pienso en el viaje de retorno del alma al Espíritu suelo evocar la imagen de Glinda (la bruja buena de *El mago de Oz*). ¿La recuerdas viajando por el mundo dentro de su burbuja? Cuando emprendas el camino de regreso a casa, imagina que Glinda es tu alma y el Espíritu es la burbuja. El alma retorna al Espíritu; así como el cuerpo es una expresión del alma, el alma es una expresión del Espíritu.

EL SIGNIFICADO DE LA ESPIRITUALIDAD

Con frecuencia me preguntan si el trabajo que hago me ha permitido desarrollar mi propio sentido de la espiritualidad. Y, efectivamente, así ha sido. Sería inconcebible que, entregado por entero a este tipo de trabajo, no recibiera la esencia del amor al comunicarme con las almas que retornan para compartir los recuerdos de su vida con sus seres queridos.

Por otro lado, me parece importante destacar que el mero hecho de que alguien afirme ser médium o psíquico no significa necesariamente que sea alguien espiritual. El médium puede transmitir hechos y evidencias de personas fallecidas pero, a menos que esté muy atento a la energía espiritual que recibe de ellas, el receptor no capta la «totalidad» del mensaje sino que recibe apenas una parte y, desafortunadamente, la intención y la unidad de ese mensaje se pierden. Qué lástima para el espíritu que pretendía que sus seres queridos recibieran no solo una prueba de su existencia sino también su mensaje emocional completo (que, en ocasiones, es más importante que la prueba que demuestra que la conciencia sobrevive a la muerte cerebral).

¿Cómo puede saber una persona si está en armonía con su espiritualidad? Debe tomar conciencia de que se está alineando con un poder que es mucho mayor que su personalidad pero que, al mismo tiempo, le brinda un sentido profundo de su ser y de su sitio en el orden de las cosas. Acaso llegue a percibir que la «atención consciente» va más allá de su personalidad y le otorga un profundo sentido del ser.

Mi marido, Brian, es un gran barómetro. Aunque no es un profesional dentro de la comunidad espiritual, tiene una gran habilidad para descubrir si alguien que dice ser un «maestro espiritual» no practica lo que predica. Si un «profesional» hace una disertación sobre la atención consciente ante cientos de personas pero más tarde, durante la cena, se comporta de forma desagradable con el camarero, Brian toma nota de ello; es muy poco tolerante con este tipo de cosas.

DESPERTAR Y TOMAR CONCIENCIA DEL ESPÍRITU

Mi trabajo en la vida no es solamente demostrar que la «muerte» no existe, sino también ayudar a los demás a tomar conciencia de su parte espiritual. Todo lo que hace y dice alguien que tiene una vida espiritual plenamente consciente puede cambiar la vida de los demás. Esos actos espontáneos de bondad y generosidad pueden modificar la actitud de una persona. A mayor escala, el conocimiento espiritual de los maestros que admiro, como Doreen Virtue, Oprah Winfrey o Deepak Chopra, puede cambiar a millones de personas.

Hay muchas formas de ser «tocado por el Espíritu» de una manera significativa. He oído que a esta experiencia se la denomina «acontecimiento extraordinario» y que a menudo es descrita como una oportunidad trascendental para recordar; se levanta el velo y las verdades eternas entran en nuestra conciencia. Una nueva información se desliza fácilmente

CUERPO, ALMA Y ESPÍRITU

hacia el sitio que le corresponde y parece ser *correcta*. Oprah los llama «momentos ajá».

Estas experiencias son acontecimientos que abren el alma de una persona para que conozca su herencia espiritual y le recuerdan quién es ella en realidad. Cuando alguien está imbuido de Espíritu, siente conexión y unidad con todo el mundo; el alma experimenta goce y paz, y se complace en ofrecer servicio a los demás.

Inspirar = en espíritu

Me gusta la palabra «inspirar». Suelo decirles a mis alumnos que estar inspirado es un verdadero don y les enseño algunos ejercicios para estar en sintonía con su propia inspiración. Inspirar significa «en espíritu», de manera que una persona que está conectada con esta gran energía se encuentra en un estado creativo e ilimitado. Se puede decir que ha sintonizado con el Espíritu a través del alma. Muchos innovadores, inventores, empresarios y directores generales recurren a la meditación para aprovechar la sabiduría infinita de la Fuente.

La espiritualidad nos ayuda a darle sentido al mundo y a la persona que somos. Nos conecta con la fuerza divina del universo que es profundamente poderosa. Independientemente de qué tipo de trabajo hagas en esta vida, cuando estás inspirado te encuentras en el camino correcto para llegar al alma. Si aspiras al éxito mundano, a la abundancia, a la paz interior o a la iluminación, ningún saber te ayudará tanto a alcanzar tus objetivos como el conocimiento espiritual. Tengo la esperanza de que en este libro encuentres una inspiración para buscar el conocimiento espiritual que hay en tu interior. Puedes ser un erudito que ha estudiado profundamente la espiritualidad pero, a menos que apliques los conceptos de amor, compasión y empatía en tu vida cotidiana, todos esos conocimientos intelectuales serán vanos.

Los lectores que conocen mi libro *Unfinished Business* saben que la historia de Helen Keller me despierta gran interés, y esto se debe a que considero su vida como una metáfora del despertar espiritual. Helen se quedó ciega y sorda cuando era niña y pasó el resto de su vida en el silencio y la oscuridad. Sus padres pidieron a su institutriz, Annie Sullivan, que intentara superar ese tremendo obstáculo. Annie enseñó a Helen a deletrear con los dedos; le transmitió que todo lo que ella deletreaba significaba algo en particular, como por ejemplo, «muñeca» o «tarta». Se produce un verdadero momento de inspiración cuando Helen se encuentra frente a la bomba de agua y logra finalmente establecer la conexión mientras Annie deletrea «a-g-u-a». Si no has visto la película *El milagro de Ana Sullivan*,[8] con Anne Bancroft y Patty Duke, te recomiendo que no te la pierdas.

Al final de la película Annie utiliza los dedos para deletrear sobre la palma de la mano de Helen: «Yo quiero a Helen». Entonces pensé: «¡Cielos! Relacionar un objeto físico con un signo manual es una cosa, pero ¿qué pasa con conceptos intangibles como el amor?». Dado que Helen no podía tocar físicamente a Dios, ¿cómo consiguió no solamente establecer la conexión, sino también experimentarla?

Como no podía ser de otra manera, Helen estuvo a la altura de las circunstancias y se convirtió en uno de mis maestros iluminados favoritos. Su progresión desde la niña que dependía necesariamente de los demás para poder sobrevivir hasta el icono inspirador y la maravillosa filósofa espiritual en que se convirtió es una gran metáfora de la evolución de todas las almas humanas. Helen tuvo una vida llena de experiencias extraordinarias.

RELIGIÓN FRENTE A ESPIRITUALIDAD

Mucha gente me pregunta cuál es la diferencia entre ser religioso y espiritual. La diferencia es considerable. La religión es un sistema organizado de creencias que ha sido elaborado por los seres humanos y que está compuesto por varios credos, enseñanzas, rituales y documentos que generalmente (pero no siempre) giran en torno a algún tipo de deidad. Una persona con este sistema de creencias específico está convencida de que alcanzará un nivel superior cuando llegue al más allá.

En contraste, la espiritualidad es la búsqueda verdadera en que se embarca una persona con el fin de encontrar el sentido superior de la vida y de su existencia en este mundo. La espiritualidad puede contener el amor que se siente por una fuente divina, o Dios, y la oportunidad de aprender a utilizar esta energía que lo abarca todo en cualquier circunstancia de la vida; sin embargo, no tiene por qué incluir rituales ni palabras escritas. Una persona espiritual siente respeto y amor por todos los seres y comprende la conexión que tiene con cada uno de ellos.

Existen muchos caminos para alcanzar ese lugar donde eres amable y generoso contigo mismo y con los demás, y te sientes en paz. Conozco a muchas personas que se consideran ateas y son mucho más bondadosas que otras que aseguran ser espirituales o religiosas. Y también a la inversa. La cuestión es construir un sistema de creencias que se adecue a ti, que te convierta en la mejor persona que seas capaz de ser y que te anime a tratar a los demás con honor y respeto. Y no hay una única forma de hacerlo. Acostumbro a decir que todas las religiones tienen una parte de la verdad, pero ninguna contiene toda la verdad. Si los textos sagrados de las religiones del mundo no se observan a través del amor y de la aceptación, no estaremos haciendo ningún favor a sus autores.

El único elemento de la religión que no me gusta (y esto no es más que una afirmación general) es que algunas personas consideran que su forma de pensar es el único camino. Desafortunadamente, muchas de las guerras mundiales se basan en la idea de que la verdadera palabra de Dios es un sistema de creencias en concreto. Esto impone la idea de «nosotros contra ellos».

Cuando una religión habla demasiado de Dios, la idea de espiritualidad reside en practicar los ideales superiores que asociamos con Dios en nuestra vida diaria. La espiritualidad es un viaje muy personal pero el destino es siempre el mismo: el amor. El éxodo masivo de las religiones organizadas que se ha producido a lo largo de las últimas décadas indica que la gente desea hacer preguntas en vez de recibir respuestas, quieren poder dudar del dogma sin temer el riesgo de la condenación y sentirse libres para ser ellas mismas sin ningún tipo de juicio.

En nuestro planeta, el Espíritu se manifiesta a través de una mezcla tan diversa de historias humanas que resulta vergonzoso que algunos pretendan que todo el mundo sea como ellos. Los seres humanos tenemos una gran tendencia a juzgar, pero si todos comprendiéramos que cada uno de nosotros tiene su propio y único camino, ¿acaso la Tierra no sería un lugar mejor?

Capítulo 2

La conciencia, la energía y el poder del pensamiento

Así como Helen Keller luchó para definir palabras que designaban cosas que ella no podía tocar físicamente, nosotros luchamos con el concepto de conciencia. A día de hoy existe un debate abierto para dilucidar si la conciencia es un producto del cerebro o si, en cambio, el cerebro es simplemente un elemento que sirve para recibir a la conciencia ya existente. Cuando un cerebro muere, ¿deja de existir la conciencia? ¿O acaso la energía de esa conciencia permanece después de que el cerebro ha dejado de funcionar? Algunos de los que participan en ese debate quieren pruebas y evidencias; otros aceptan que la energía no muere.

Mi opinión no habrá de sorprender a nadie porque, como médium, me pongo en contacto con la conciencia mucho tiempo después de la muerte cerebral. La cuestión es sencilla para mí, pues no puedo renegar de lo que experimento de verdad.

Una analogía fácil para explicar este asunto es una radio para aficionados. Aunque es una compleja máquina llena de cables, en realidad se trata de una simple caja que es completamente inútil a menos que haya ondas de radio. Después de que la radio deja de funcionar (o muere) las ondas siguen estando allí. Todo lo que se ha recibido y enviado a través de la radio permanece como energía.

EL MISTERIO DE LA CONCIENCIA

Pero retomemos la cuestión. ¿Qué es la conciencia? Es tener conocimiento del «ser». Es la sensación de formar parte de todo lo que existe. La percepción del «ser» cambia de un momento a otro y, por lo tanto, existen muchos niveles de conciencia. Mientras lees, tomas conciencia de cuál es la línea de este libro, de lo que estás leyendo y de las palabras que estás asimilando, de los sonidos y olores que hay a tu alrededor y, quizás, de uno o dos pensamientos aleatorios que pasan por tu mente. Esa es tu conciencia, o conocimiento, en este preciso momento; fluye fácilmente de un instante al siguiente y, como es evidente, es tanto exterior como interior.

A lo largo de la historia el hombre ha intentado definir la conciencia y existen muchas teorías y creencias que tratan de explicar lo que realmente es. No estoy muy seguro de que nuestro cerebro físico nos permita aprender cuál es la realidad de la conciencia mientras estamos en la Tierra. Bien es verdad que percibimos destellos o piezas del rompecabezas y que es fascinante compartir ideas e hipótesis pero, a fin de cuentas, no creo que el concepto sea definible. Es demasiado amplio para que nosotros los humanos seamos capaces de comprenderlo.

Elevar nuestra conciencia

Sin embargo, esto no significa que no existan herramientas que puedan ayudarnos a elevar nuestra conciencia. Un truco que suelo utilizar es dibujar un rascacielos y pegarlo en el espejo de mi cuarto de baño. En cada una de las plantas coloco luego una etiqueta donde escribo las emociones con las que me identifico. Por ejemplo, la planta baja lleva la etiqueta del MIEDO; a medida que voy subiendo, las etiquetas son: CULPA, COMPASIÓN, ACEPTACIÓN, SERVICIO, GOZO, PAZ y AMOR.

Cuando me lavo los dientes o me afeito por las mañanas, reflexiono sobre lo que me puede traer el día y descubro en cuál de las plantas me encuentro. Luego hago un esfuerzo para avanzar hasta la siguiente planta e intento vivir manteniéndome en ese mismo nivel todo el día. Digamos, por ejemplo, que acabo de leer un comentario grosero que alguien ha publicado sobre mí en Facebook o en YouTube. Puedo *compadecerme* de mí mismo porque soy un incomprendido o *aceptar* conscientemente que estoy en este planeta para *servir* porque eso me complace. Y en el tiempo que tardo en cepillarme los dientes consigo sentirme mejor.

Cuando medito también utilizo la imagen de mi rascacielos. Del mismo modo que una persona puede sentarse en silencio para reducir su tensión sanguínea (como han demostrado estudios sobre la meditación), yo visualizo mi rascacielos e intento *elevar* mi conciencia.

Para empezar, observa en qué niveles se desarrollan tus pensamientos y conductas. No es común encontrar una persona que pueda mantenerse constantemente en los niveles superiores; jamás deberías aspirar a ello. El objetivo es elevar la propia conciencia y no convertirlo en una competición. Los niveles fluctúan dependiendo de lo que está sucediendo en tu vida, y esto le sucede a todo el mundo. También suelo utilizar esta visualización como ayuda para comprender mejor qué es lo que impulsa a la persona a tomar determinadas decisiones.

Y lo más importante, ¿qué puedes hacer para elevar tu conciencia a un nivel superior? Recuerda que todo lo que nos rodea puede afectar a nuestro nivel de conciencia: los libros que leemos, la música que escuchamos, el programa de televisión que vemos, los amigos que tenemos y todo lo que hacemos en nuestro tiempo libre.

Intenta dibujar un rascacielos propio y personalizar las etiquetas con tus emociones. Imagina cómo sería el mundo si todas las mañanas cada una de las personas realizara un esfuerzo consciente para pulsar el botón «SUBIR» del ascensor de su rascacielos.

LA ENERGÍA NUNCA MUERE

Comencé a dedicarme al trabajo espiritual hace alrededor de treinta años. Siempre he hablado del concepto de energía con mis clientes y les he enseñado que todo es energía en constante movimiento. Las moléculas de los objetos densos se mueven lentamente; en los objetos más ligeros el movimiento de las moléculas es más rápido.

Cuando mencionaba la energía algunas décadas atrás, la gente me miraba como si estuviera hablando en un idioma extranjero. Hoy en día el tema de la energía se ha vuelto muy corriente:

- ¡Me gustas! ¡Tienes buena energía!
- El agente inmobiliario me enseñó una casa que tenía mal Feng Shui.
- Envíame energía positiva durante mi entrevista.
- Tu novio tiene unas vibraciones escalofriantes.
- La buena energía que das a los demás siempre vuelve a ti.
- ¿Has pensado lo mismo que yo? ¡Debemos de estar en la misma longitud de onda!

Las teorías acerca de la energía cambian tan rápidamente como la tecnología. Los profesionales no consiguen mantenerse actualizados, y mucho menos las personas normales. Yo no soy científico y, por lo tanto, solo puedo hablar de aquello en lo que creo: la energía nunca muere pero puede cambiar de forma. Estoy seguro de que la mecánica cuántica y la espiritualidad llegarán finalmente a encontrarse y todo lo que siempre hemos dicho sobre la omnipresencia de Dios será validado (solo que nosotros lo hemos expresado en términos simples).

La energía cuántica: la ciencia se encuentra con la espiritualidad

La mecánica cuántica tiene cosas fascinantes que decir sobre la energía: que los átomos pueden estar en múltiples lugares al mismo tiempo y que no siguen un único trayecto. Y dado que todo lo que percibimos como «real» está formado por átomos, las mismas leyes se aplicarían a lo que denominamos el mundo material. Existe la fuerza divina, o Dios, aunque de ninguna manera se trata de un anciano con barba, sentencioso y moralizante, sentado en su trono entre las nubes. Es una energía benigna que impregna a todos los seres vivos y todas las cosas.

Las civilizaciones antiguas han utilizado la energía desde tiempos remotos. Los egipcios la empleaban para curar. En cualquier libro sobre los faraones verás que llevan en sus manos objetos cilíndricos. Dichos cilindros (uno de cobre y otro de cinc) eran armonizadores de los dos flujos básicos de la energía humana, a los que denominaban *BA* y *KA*, que corresponden al *yin* y *yang* de la tradición oriental. Los chinos elaboraron mapas de los meridianos de energía que recorren el cuerpo y luego los utilizaron para fortalecer y curar. Esta técnica de curación recibe el nombre de acupuntura. Muchas tradiciones nativas y chamánicas recurren a la relación que existe entre el cuerpo y la energía para conseguir la sanación.

La ciencia moderna no tiene todavía una forma fiable para detectar esta energía, pero algunas mentes brillantes, como la del doctor Amit Goswami, están a la vanguardia de la confluencia entre ciencia y conciencia. Al doctor Goswami se lo conoce como el padre de la teoría cuántica moderna; es una figura líder en la comunidad científica que cree en la existencia de una dimensión espiritual. Si no has visto el documental *The Quantum Activist* (El activista cuántico), te lo recomiendo muy especialmente. Es la historia del viaje hacia lo espiritual que el doctor Goswami realiza para explicar los hallazgos aparentemente inexplicables de los experimentos cuánticos.

Mi opinión personal es que la semántica es el obstáculo actual que tienen la ciencia y la espiritualidad para encontrar un terreno común. Cuando una persona pronuncia la palabra «Dios», otra puede interpretar automáticamente que está hablando del Dios del Antiguo Testamento. Sería maravilloso que nos pusiéramos de acuerdo en utilizar una palabra que signifique «la energía de todas las cosas», una energía positiva que no tenga connotaciones asociadas a un supervisor ni a una deidad.

El doctor Goswami define a Dios como «Conciencia en su aspecto creativo». Es una hermosa definición, pero yo sigo buscando términos que los científicos y los profanos puedan someter a debate hasta conseguir entenderse mutuamente. A ambos lados hay extremistas agitando sus espadas; el resto de nosotros estamos en el medio preguntándonos por qué tanto jaleo.

Percibir la energía

Como psíquico, mis sentidos están muy abiertos para percibir la energía. Sé si puedo confiar en una persona desde el primer momento en que la veo. Mis amigos me piden que los acompañe a visitar la casa que quieren comprar para saber si es adecuada para ellos. Soy médium y debo elevar mi lenta vibración terrenal para poder comunicarme con seres descarnados cuyas vibraciones son muy rápidas; al mismo tiempo, ellos deben reducir la suya. Entonces nos encontramos a medio camino (médium, ¿lo entiendes?).

Lo he dicho una vez, lo he dicho miles de veces: en cierto grado, todos somos psíquicos, todos somos capaces de percibir la energía en forma de premoniciones, presentimientos e intuición. Solo se necesita práctica para desarrollar esta facultad (la meditación es el primer paso; al final del libro encontrarás algunas meditaciones guiadas). La energía que yo utilizo, y a la que recurro cuando realizo trabajos psíquicos, es exactamente la misma que la tuya. La única diferencia es que yo tengo más experiencia en distinguirla.

Es bastante común que en mis seminarios me pregunten sobre la diferencia entre la energía de la «Fuente» y la energía del «Espíritu». Mi respuesta es que se trata de la misma energía, solo que normalmente nos referimos a ella como alma cuando está en su forma física. Suelo utilizar la siguiente analogía: visualiza la energía de la «Fuente» (también llamada Energía Cósmica, Divina o Dios) como un gran océano infinito. Si vertemos en una vasija o en un jarrón (o en una persona) una parte del agua que contiene dicho océano, el agua sigue siendo la misma aunque esté ahora confinada y limitada. Cuando el cuerpo humano muere, el agua retorna al vasto océano de donde procede.

EL PODER DEL PENSAMIENTO

Toda energía puede modificarse dependiendo de cuáles sean nuestros pensamientos, ya que tienen la capacidad de afectarla y alterarla. El pensamiento es el gran pintor del mundo; todo lo que eres se origina en primer lugar como un pensamiento. Como médium, he intuido muchas veces que toda la materia física que existe sobre la Tierra procede de un nivel mental superior. Toda obra artística, todo invento, todo nuevo descubrimiento médico se creó primero en los reinos espirituales para caer luego en un recipiente a modo de inspiración o «gotas de Dios».

Mis clientes suelen pedirme: «Dile a mi madre que la quiero». Y yo respondo: «Puedes decírselo tú mismo. Ella puede escucharlo». Las almas están muy vivas en el «cielo» o en el mundo espiritual. Habitan en una dimensión donde todo es pensamiento. Pueden comunicarse con otras almas y, con frecuencia, también con los seres queridos que aún están en el mundo físico.

A veces decimos cosas como: «Hoy he pensado en mi padre» y creemos que somos nosotros quienes hemos creado ese pensamiento. Pero ¿te has planteado alguna vez que quizás sea la persona que amas quien ha colocado ese pensamiento en tu conciencia para hacerte saber que está cerca? Los seres queridos que ya han hecho la transición pueden oír tus pensamientos como si los pronunciaras en voz alta y clara. Cuando se trata de pensamientos afectuosos, suelen describirlos con colores muy brillantes; si, por el contrario, el pensamiento está basado en el miedo, lo ven oscuro y apagado. Por este motivo, lo primero que aconsejo a mis alumnos en mis clases es que asuman la responsabilidad de sus pensamientos, porque los pensamientos son reales y pueden tener una repercusión muy profunda en todos los aspectos de su vida.

A los seres humanos nos resulta difícil hacernos a la idea de que un pensamiento es algo real porque somos incapaces de verlo. Sin embargo, sabemos que hay muchas «ondas» atravesando el aire (como, por ejemplo, las ondas de sonido, las microondas o las ondas de radio) y damos por sentado que existen a pesar de no verlas.

A la hora de reflexionar sobre tus pensamientos debes saber que son muy reales para el subconsciente de la persona en la que estás pensando, tan reales como si hubieras tomado tu móvil y se lo hubieras dicho en voz muy alta. Asume la responsabilidad de tus pensamientos, no son exclusivamente tuyos. Salen disparados desde ti para impactar en el blanco, como si fueran flechas. Por eso la meditación es tan relajante: tus propios arqueros pueden tomarse un descanso.

Los pensamientos son energía creativa: tallan, crean y conforman tu destino futuro. Ahora mismo, mientras lees y asimilas estas palabras, la experiencia que estás viviendo es la suma total de todos los pensamientos que has tenido. Esta es la realidad que has creado para ti basándote en tus propios pensamientos; eres capaz de recordar algunos de ellos, pero no todos. No es posible pensar de un modo y vivir de otro. Si quieres armonía en tu vida, tus pensamientos deben ser armoniosos.

Energía más emoción

El combustible fundamental que proporciona energía y concentración es la emoción. Puedo asegurar que cada vez que me pongo en contacto con los seres de la dimensión espiritual, ellos se comunican conmigo a través del pensamiento. Los mensajes más increíbles que recibo son los que se acompañan de una emoción intensa. Como ya he comentado, en algunos eventos importantes suelo hacer una demostración de cómo me comunico con los espíritus. Jamás elijo a una persona del público al azar; mis guías están a mi lado comunicándose con los que se han marchado de este mundo y desean ponerse en contacto con sus seres queridos. Mis guías se sienten atraídos por las almas que expresan emoción.

Todos tenemos guías espirituales que pueden modificar circunstancias terrenales. También tenemos:

- Guías personales, que son individuos a los que hemos conocido en la dimensión física.

- Guías maestros que se acercan a nosotros de acuerdo con las actividades que estamos desarrollando en un momento específico.

- Y *maestros de maestros*, seres muy evolucionados que posiblemente nunca se han encarnado en este plano físico.

Por lo general, los guías que colaboran conmigo cuando realizo mi trabajo como médium son Harry Aldrich, un médico que vivió en Londres en la década de 1930, y Chang, que es mi maestro de maestros y que no se ha encarnado desde hace varias décadas. También me ayuda mi madre, Regina, que se marchó del mundo físico en 1980.

Si estoy haciendo una lectura y acude a mi mente un pensamiento del estilo de: «Mi hija está entre el público. Fallecí al caerme de una escalera», no me resulta tan claro como el pensamiento: «Mi hija se encuentra entre el público y nunca fui capaz de decirle en vida lo mucho que la quiero, pero desearía hacerlo ahora». Este pensamiento cobra vida de repente y me resulta más fácil comprender la totalidad del mensaje emocional.

Un pensamiento será más vital y creativo cuanto más intensa sea la emoción que lo acompaña. Si al pensamiento emocional le añades motivación e intención, estás aportando una mayor cantidad de combustible y, como resultado, el pensamiento será más directo y ajustado. En cuanto hayas adquirido la habilidad suficiente, agrega el mejor de todos los ingredientes: el amor.

En realidad, el amor es energía espiritual que lo impregna todo, pero en esta dimensión física no siempre tenemos acceso a él. El objetivo de este libro es ayudarte a comprender que el trabajo más importante que tienes en la Tierra es manifestar la energía del amor. De manera que si refuerzas tu pensamiento con amor, ¡no habrá forma de detenerlo!

Un excelente hábito que merece la pena adquirir es dedicar unos instantes a crear una intención y proyectar ese pensamiento con amor nada más despertarte cada mañana. Si te acostumbras a esta rutina diaria, te garantizo que tu vida cambiará. En este libro incluyo algunas afirmaciones y meditaciones que puedes utilizar.

Lo último que deseo compartir contigo es la importancia de mantener tus pensamientos centrados en lo que tienes y no en aquello de lo que careces. Si envías al universo el mensaje de que te falta algo, el universo se encargará de aumentar dicha falta. Independientemente de cuál sea tu objetivo, el universo proveerá. Dios dice «sí» y nuestros egos dicen «no». Piensa positivamente. El pensamiento positivo está más alineado con tu alma; el pensamiento negativo trae confusión y amargura. Recuerda guiar tu mente hacia lo positivo y proyectar esa positividad varias veces al día.

Capítulo 3

Experiencias cercanas a la muerte, experiencias fuera del cuerpo, proyección astral y visión a distancia

Todos tenemos una curiosidad innata sobre *quién* y *qué* somos. Nos preguntamos por qué estamos en este planeta y de dónde procedemos. También compartimos el deseo de saber adónde vamos después de morir. Si aceptamos la ley de la física que afirma que la energía no muere, ¿adónde va a parar nuestra energía? Y, por otra parte, ¿la energía que se separa de nuestro cuerpo conserva los recuerdos y las emociones? ¿Sobrevive nuestra conciencia personal sin cuerpo ni cerebro?

Todas estas preguntas han preocupado a los seres humanos desde tiempos inmemoriales. Una persona racional diría: «Supongo que no nos enteraremos hasta después de morir». Y, realmente, hasta hace muy poco tiempo no teníamos suficientes testimonios de personas fallecidas que hubieran retornado para hablar de su tránsito. Estoy seguro de que a lo largo de la historia muchos han tenido una experiencia cercana a la muerte, pero no se han atrevido a hablar de ella por temor a ser considerados delirantes o mentirosos. Cuando Elisabeth Kübler-Ross escribió su revolucionario libro sobre la pérdida y el duelo titulado *On Death and Dying*,[9] que se publicó por primera vez en 1969, se le aconsejó que no incluyera un capítulo sobre pacientes que habían «fallecido» y posteriormente regresado para contarnos su experiencia, porque su editor temía que se rieran de ella y la ridiculizaran. En contra de su propio criterio, Kübler-Ross excluyó la información que había recopilado porque no quería que su trabajo sobre el duelo fuera considerado pura charlatanería.

A veces tenemos la sensación de que nuestras almas existen fuera del espacio y del tiempo, tal y como los conocemos. Pero hay millones de personas cuyas almas han dejado atrás los límites del mundo físico y han retornado para compartir con nosotros sus experiencias en una dimensión mucho mayor, más intrincada, más hermosa y más amorosa de lo que jamás hubiéramos podido imaginar. A menudo he pensado que debe de ser algo parecido a regresar de un viaje a Tahití e intentar explicarle tus vivencias a tu gato.

EXPERIENCIAS CERCANAS A LA MUERTE

«Experiencia cercana a la muerte», o ECM, es una expresión acuñada por Raymond Moody en su magnífico libro *Life after Life*.[10] Las ECM son cada vez más nombradas en los medios de comunicación porque un número cada vez mayor de personas parece aceptar su existencia. No solamente existen libros muy populares escritos por gente normal como Betty Eadie y mi amigo Dannion Brinkley, también hay otros escritos por físicos y científicos que han cosechado grandes éxitos. Uno de ellos es *Evidence of the Afterlife: The*

Science of Near-Death Experiences,[11] del doctor Jeffrey Long;[12] otro es *Proof of Heaven,*[13] del doctor Eben Alexander.

El doctor Alexander es un neurocirujano estadounidense que cayó en coma debido a una meningitis causada por la bacteria *E. coli*. Mientras estaba en coma, y prácticamente en muerte neocortical, experimentó una experiencia cercana a la muerte con características diferentes a las ECM típicas. Cuando hablo de ECM «típicas», me refiero a experiencias caracterizadas por una sensación de paz y ausencia de dolor y sufrimiento, un sentimiento de amor incondicional y la sensación de ser recibidos al otro lado por los seres queridos que nos han precedido en el proceso de la muerte. Lo atípico de la experiencia del doctor Alexander fue que quien acudió a su encuentro no fue su padre, que había fallecido recientemente, ni ningún otro ser querido que pudiera reconocer sino una mujer a la que nunca había visto. Una vez recuperado de su enfermedad, el doctor Alexander (que era hijo adoptivo) descubrió que la mujer que había visto en su ECM era su hermana biológica, que había muerto algunos años antes. Él jamás había visto una fotografía de ella, pero después de su recuperación la reconoció de inmediato como el guía que lo había acompañado durante su experiencia.

La historia del doctor Alexander es fascinante. Como es habitual, la comunidad se mostró, por expresarlo de un modo suave, escéptica. Yo no tengo ningún motivo para dudar de la veracidad de su historia, pero los escépticos preferirían que pensáramos que ha mentido con la única intención de hacerse rico con un libro. En primer lugar, creo que un neurocirujano de reconocido prestigio como el doctor Alexander tenía mucho que perder y poco que ganar publicando esta historia; y en segundo lugar, como neurocirujano, probablemente tampoco debía de tener mucha necesidad de ganar dinero. Mi opinión es que los escépticos experimentaron una «reducción de la disonancia cognitiva», que es una forma elegante de decir que si algo no se ajusta bien a tu modelo de cómo funciona el mundo, hay que restarle importancia. Esto significa que si no crees en la existencia de otra vida y una persona que ha sobrevivido a una ECM te cuenta la historia de una vida después de la vida, tú pensarás que está loca, que miente o que debe de haber alguna explicación científica para lo que te está contando.

Siento mucho más respeto por alguien que afirma: «No tengo ninguna explicación para esto» que por alguien que recurre inmediatamente a hablar mal de los otros, mostrando así su pobreza de espíritu. Me quedé pasmado al leer que algunos de los críticos más duros de los supervivientes de las ECM no son los científicos ni los escépticos (como sería de esperar) sino algunos miembros de comunidades religiosas que creen que las únicas personas que son aceptadas en el más allá con amor y compasión son las que comparten su propia fe.

Mi ECM

En 2008 tuve una experiencia increíble que me cambió la vida y de la que suelo hablar en mis talleres; podríamos decir que fue una mini-ECM. Había viajado a Los Ángeles para asistir a algunas reuniones y cierto día me detuve en un restaurante de barrio para tomar una ensalada. Esa noche me encontré realmente mal y me di cuenta de que me había intoxicado con la comida. Me marché del hotel y tomé el coche para regresar de inmediato a casa. Estaba aproximadamente a una hora y media de camino, pero me vi obligado a parar ocasionalmente en el arcén de la autopista para vomitar.

Llamé por teléfono a mi marido, que en ese momento estaba trabajando, para pedirle que volviera a casa para cuidarme. También llamé a mi médico y me recetó un medicamento para paliar las náuseas, indicándome que me mantuviera hidratado y sobrellevara la situación de la mejor manera posible. La medicación no me ayudó y, a pesar de no ingerir ningún alimento, tenía que correr al cuarto de baño para vaciar el estómago cada hora y media. Les comenté a Brian y a mi médico que había rastros de sangre en mi vómito. Ninguno de ellos pareció preocuparse demasiado puesto que es un síntoma bastante frecuente de una intoxicación alimentaria. Creo que debería haber sido más específico, pero me sentía débil y no podía pensar con claridad. En vez de decir: «Hay rastros de sangre en mi vómito», debería haber dicho: «Vomito sangre».

En mi última visita al cuarto de baño me desmayé. La sangre que manaba a borbotones desde el esófago a través de la boca cubrió el suelo. Brian me comentó más tarde que aquello parecía la escena de un crimen. De más está decir que llamó de inmediato a urgencias.

Entretanto, yo había salido de mi cuerpo y estaba mirando la escena desde arriba. Tenía la extraña sensación de encontrarme fuera del tiempo. Sabía que no estaba en mi cuerpo, pero también sabía que no estaba muerto. Mientras permanecía cerca del cielo raso del cuarto de baño, mi prima Patricia (que se había suicidado treinta años atrás) apareció a mi lado. Le pregunté telepáticamente qué estaba pasando. Ella me consoló diciendo: «Muy pronto todo habrá terminado».

Mi primer pensamiento fue: «Pat, ¿puedes ser más específica? ¿Quieres decir que mi vida habrá terminado muy pronto o que esta experiencia habrá terminado muy pronto?».

Patricia desapareció y de repente tomé conciencia de que desde la parte alta de la cabeza me salía una cinta que estaba conectada a una especie de tapiz. Noté que cuando sentía miedo la cinta cambiaba el color del tapiz por uno más oscuro; por el contrario, cuando sentía paz la cinta mudaba de color y, a su vez, el tapiz adquiría un tono pastel más claro. Entonces fui consciente de que mi tapiz estaba unido a una matriz mayor a la que, según pude percibir, estaban conectadas todas las demás personas a través de sus propias cintas. Comprendí que en el momento de la muerte podemos ver los tapices que hemos creado y descubrir de qué forma nuestro tapiz personal ha penetrado y alterado el gran tapiz humano. Nunca antes había tomado conciencia de la existencia de este «tapiz», pero desde entonces lo utilizo con frecuencia en mi meditación diaria. Creo que cuando abandonamos el mundo físico, podemos ver si hemos dejado atrás una obra de arte o, en cambio, algo que le ha restado belleza al tapiz humano.

El tapiz desapareció y con el rabillo del ojo vi un jardín a la distancia y una figura solitaria recogiendo flores. Me dirigí hacia ella y a medida que me acercaba creí reconocer a mi padre (que había hecho su transición unos pocos años atrás) aunque parecía tener alrededor de treinta años. Él se volvió hacia mí sonriendo y, mientras extendía la mano para entregarme una flor, me dijo: «Aún no ha llegado tu hora». Lo siguiente que recuerdo es que estaba tendido en el suelo de mi cuarto de baño y que Brian, a mi lado, gritaba mi nombre.

Los servicios médicos llegaron poco después. Me ingresaron en el hospital, donde me diagnosticaron el síndrome de Mallory Weiss. Al vomitar con tanta frecuencia debido a la intoxicación, la membrana mucosa del esófago se había desgarrado y la sangre se filtraba directamente hacia el estómago. Cuando vomitaba sangre, me encontraba mucho mejor, pero volvía a sentir náuseas en cuanto el estómago se llenaba de nuevo. Y así una y otra vez. Básicamente, me estaba desangrando.

Después de permanecer una semana ingresado en el hospital y recibir varias transfusiones de sangre, me dieron el alta y pude volver a casa. Si Brian no hubiera estado junto a mí, es muy probable que hubiera muerto tirado en el suelo del cuarto de baño.

★★★

¿Recuerdas el rascacielos que utilizo como meditación para elevar mi nivel de conciencia? Creo que la meditación puede afectar al tapiz humano que vi en mi ECM: cuanto mayor sea el número de pensamientos positivos y bondadosos que tenga una persona, más brillantes y vibrantes serán los colores de su tapiz personal. Y esto, a su vez, fomenta el desarrollo del tapiz humano global. Todos somos responsables de nuestro propio tapiz. Cuanto más consciente es nuestra vida, más tiempo permanecemos en los niveles superiores de nuestro rascacielos y más brillantes son nuestros tapices.

Desde que tuve esa ECM, me he dedicado a investigar un poco el tema y he descubierto que, además de las sensaciones de paz y amor que experimentan los supervivientes, muchas personas han observado una matriz de luces interconectadas «similar a una red» por encima y alrededor de los humanos. Estimo que esta matriz podría ser lo que comúnmente se conoce como los Registros Akáshicos que, según se cree, son una huella energética de todos y cada uno de los pensamientos, acciones, emociones y experiencias que hayan tenido lugar. Es el registro vibratorio de cada alma, y su viaje. Todo el mundo tiene el poder y el derecho de acceder a los Registros Akáshicos porque nosotros, por ser almas, *somos* los registros. Se los conoce como Conciencia Colectiva, o como El Libro de la Vida.

El místico americano Edgar Cayce (1877-1945) fue capaz de utilizar su mente subconsciente para conectarse con los Registros Akáshicos; consiguió interpretarlos con su mente objetiva y utilizarlos para la sanación. En otras palabras, entró en un estado autoinducido semejante al sueño, conectó con la sabiduría de la mente cósmica y, sin tener ninguna formación médica, prescribió remedios que han ayudado a miles de personas.

Casi todos los supervivientes de una ECM afirman que, a pesar de no estar dentro de su cuerpo, eran plenamente conscientes de lo que sucedía y coinciden en que es innegable que la conciencia sobrevive fuera del cuerpo físico. En pocas palabras, una ECM provoca un cambio profundo en la vida. La gente establece nuevas prioridades, se muestra más cariñosa, positiva y generosa. Los beneficios de este tipo de experiencias son compartidos, porque es inevitable que cambien también a las personas que conviven con alguien que ha pasado por una ECM.

Las buenas noticias son que cualquiera puede disfrutar de dichos beneficios sin necesidad de morir y regresar luego al mundo físico, porque una experiencia fuera del cuerpo es una forma de ECM que se puede conseguir a través de la práctica y del entrenamiento.

EXPERIENCIAS FUERA DEL CUERPO

La expresión «experiencia fuera del cuerpo», o EFC, fue introducida por primera vez en 1943 por George N. M. Tyrrell en su libro *Apparitions*,[14] aunque fue popularizada por Robert Monroe. Monroe era presentador de profesión, pero en 1956 comenzó a interesarse por los efectos que producían determinados patrones de sonido en los estados de conciencia y se convirtió en un pionero en el campo del «aprendizaje» durante el sueño. (Si en algo nos parecemos tú y yo, probablemente cuando eras joven tenías junto a la cabecera de tu cama varios casetes en los que se abordaban temas como la abundancia, la motivación o la forma de erradicar malos hábitos. Ese fue uno de los legados de Robert Monroe.)

Monroe se convirtió en uno de sus propios sujetos de ensayo y durante su investigación comenzó a experimentar un estado de conciencia separado de su propio cuerpo. Estas experiencias espontáneas modificaron de un modo significativo el foco de su investigación. Describió este estado como una «experiencia fuera del cuerpo» y así nació un nuevo campo en el estudio de la conciencia. En 1971 publicó *Journeys Out of the Body*,[15] que hoy en día sigue siendo la biblia de las EFC. Siguió estudiando e investigando este fenómeno y más tarde abrió un centro en Virginia llamado Instituto Monroe, al que han asistido decenas de miles de estudiantes por diversas razones: para encontrar un propósito y un sentido en la vida, para explorar la conciencia fuera del espacio y del tiempo, para conectar con su potencial personal de sanación y muchas cosas más.

Una de las clases que se imparten en el Instituto Monroe, y que siempre me ha intrigado, lleva el nombre de *Lifeline* (Cuerda de salvamento). La vi por primera vez en un programa de televisión llamado *The uneXplained* (Lo inexplicado) en el canal Bio. En esa clase se enseña a viajar fuera del cuerpo físico y a guiar a los seres descarnados que ya han abandonado la existencia física pero no han hecho todavía la transición completa a la dimensión astral. La teoría trabaja sobre la premisa de que algunas almas perdidas vibran a un ritmo tan lento que no son capaces de ver a los ayudantes espirituales (cuyas vibraciones son mucho más rápidas) que están allí para acompañarlos. Para ayudar a un espíritu atrapado y guiarlo hacia la luz, se necesita un ser humano que tenga una EFC con una vibración más lenta. A este proceso se lo conoce como rescate del alma.

Muchas personas tienen EFC espontáneas; sin embargo, pueden entrenarse para aprender a controlarlas. La mayoría de la gente puede desarrollar la capacidad de provocar una EFC, y no son pocos los que tienen conciencia de que además se potencian otras habilidades psíquicas. Los beneficios de practicar las EFC son tan numerosos como los mismos estudiantes. La experiencia inculca un sentido más profundo del «conocimiento» frente a la «creencia» y ofrece la oportunidad de obtener respuestas personales, dominar el miedo a la muerte, experimentar vidas pasadas y encontrar seres y guías descarnados.

Existen varias formas de producir una EFC aunque la más común es crear un estado de relajación que se encuentre entre la conciencia y el sueño, e intentar luego abandonar el cuerpo físico. Aquí la palabra clave es «intentar», ya que puedes tener la intención de meditar por un motivo en particular o de abandonar el cuerpo por una razón determinada.

Proyección astral

Tal como yo lo entiendo, una EFC es una denominación genérica para designar el momento en que la conciencia abandona el cuerpo físico. La proyección astral es una forma de EFC, aunque se define como un viaje a otras dimensiones. Si estás viendo tu propio cuerpo desde el cielo raso de tu dormitorio, se trata de una EFC; en cambio, si has viajado a reinos superiores, es una proyección astral. La intención de tu EFC sería viajar a la dimensión más cercana a la Tierra, conocida como plano astral. Se dice que el plano astral es el primer nivel al que va el alma después de la muerte del cuerpo físico o durante una ECM. Cuando un alma llega a dicho plano, los colores, sonidos y emociones son tan diferentes a los que experimentamos en la Tierra que los sobrevivientes de las ECM no encuentran palabras para describirlos.

Quienes realizan un viaje o proyección astral siguen conectados a su cuerpo físico mediante lo que se conoce como el «cordón de plata», de forma semejante a como un astronauta se mantiene unido a la nave por medio de un cable mientras realiza un paseo espacial, o el bebé a su madre por el cordón umbilical. Durante una ECM te mantienes atado al cuerpo físico, pero si la cuerda se rompe no hay retorno. No debes temer que el cordón de plata se desgaje durante una

EFC o una proyección astral consciente, porque la conexión se rompe únicamente si el ser humano muere durante una ECM.

Nuestro cuerpo astral, conectado con el cuerpo físico por el cordón de plata, puede viajar espontáneamente a los planos astrales mientras dormimos por la noche. Así podemos visitar a nuestros seres queridos que ya han completado su transición y buscar a nuestros guías maestros para pedirles consejo. Aquí es donde la frase «déjame consultarlo con la almohada» cobra sentido.

Si estás atravesando momentos difíciles por algún problema terrenal, ¿cómo puede ayudarte el sueño a tomar la decisión correcta? Evidentemente, gracias al consejo de los seres astrales. Cuando nos despertamos, la mente consciente no recuerda esas visitas pero el consejo que nuestro subconsciente ha recibido facilita la toma de decisiones. En algunas ocasiones recordamos habernos encontrado con nuestros seres queridos ya fallecidos, y esto puede aportar mucha tranquilidad.

Si deseas iniciar voluntariamente un viaje astral, primero debes tener conciencia, o al menos la sensación, de que existe un espacio más allá de este mundo tridimensional (que experimentamos con nuestro cuerpo, nuestra envoltura humana) que podemos visitar con nuestro cuerpo astral. El cuerpo astral es una réplica exacta de nuestro cuerpo físico, pero como su energía no es tan densa podemos viajar a otras dimensiones mientras nuestra conciencia permanece intacta. Se requiere mucha práctica para convertirse en un experto de la proyección astral. La clave reside en la meditación, la relajación y la intención, y también en no tener miedo.

Muchos me han preguntado si las drogas, como el LSD, pueden provocar una EFC. Nunca he probado el ácido lisérgico, de manera que no me atrevería a recomendarlo. Sin embargo, tuve una experiencia con ayahuasca, un brebaje preparado con una combinación de hojas de una planta específica y una enredadera con una sustancia que garantiza la eficacia de la ayahuasca cuando se ingiere por vía oral; ambas plantas son originarias del Amazonas. Me sentí muy cómodo durante la experiencia porque en la ceremonia había varios chamanes experimentados. Yo había organizado una excursión espiritual a Brasil, un país que adoro, con un grupo de personas; al enterarse de que estábamos allí, los líderes de una religión llamada Santo Daime nos invitaron a asistir a una ceremonia con ayahuasca, también conocida como Medicina de la Pachamama (Madre Tierra).

Tomé la decisión de dejar al grupo durante un día y asistir solo a la ceremonia; tenía que probarla antes de poder recomendársela a alguien. La ceremonia duró ocho horas y además de la infusión incluía cánticos y tambores. Los líderes del grupo sabían que yo era un médium famoso en los Estados Unidos y habían invitado a varios chamanes brasileños. Tuve una experiencia profundamente reveladora. Más tarde comprendí que muy pocas de las personas que había llevado a Brasil estaban preparadas para probar la ayahuasca. No es para todo el mundo; implica un trabajo de limpieza muy intenso, tanto a nivel físico como emocional.

Cuando regresé a los Estados Unidos comencé a investigar sobre la ayahuasca y descubrí que contiene dimetiltriptamina, o DMT, una sustancia que la glándula pineal produce de forma natural, pero que si se ingiere en cantidades controladas puede producir un viaje consciente fuera del cuerpo. Hay un libro fascinante llamado *DMT: The Spirit Molecule*[16] cuyo autor es el doctor Rick Strassman (también hay un documental con el mismo nombre). El comediante y presentador de televisión Joe Rogan habla de la DMT en su entretenido *podcast The Joe Rogan Experience*. Un escritor británico llamado Graham Hancock dio una conferencia TED[*] sobre la conciencia y habló de su propia experiencia con la ayahuasca. Se armó un gran revuelo cuando el equipo de TED decidió retirarlo de YouTube. La audiencia que estaba interesada en el tema criticó la decisión por considerarla una censura y los detractores tildaron a la conferencia de cháchara pseudocientífica. El debate sigue candente.

La DMT es una sustancia ilegal en casi todo el mundo, por lo cual a una persona que demostrara interés por la proyección astral le recomendaría visitar la página web del Instituto Monroe en vez de recurrir a una sustancia psicodélica.

Visión remota

El Instituto Monroe tiene también un programa de visión remota. La visión remota permite a un perceptor (el observador) describir o dar detalles de un «objetivo» que no es accesible a través de los sentidos normales debido a la distancia en la que se encuentra. En el año 2002 presenté un programa de televisión llamado *Beyond* (Más allá), que se emitía en horario diurno. Tuve la oportunidad de conocer a

---

[*] TED es un evento anual donde algunos de los pensadores y emprendedores más importantes del mundo están invitados a compartir lo que más les apasiona. "TED" significa Tecnología, Entretenimiento y Diseño, tres grandes áreas que en conjunto están dando forma a nuestro futuro. De hecho, el evento da cabida a una temática más amplia mostrando "ideas que merece la pena explicar", sea cual sea su disciplina

un vidente con esta habilidad y decidí someterlo a una prueba. Para ello enviamos a uno de los productores del programa a un lugar secreto para que representara al «objetivo». Luego pedimos al vidente que permaneciera durante treinta minutos en una habitación y le proporcionamos lápiz y papel para que dibujara sus visualizaciones o escribiera sus impresiones o descripciones. Lo único que le comunicamos fue el nombre de la persona que actuaba como objetivo, no le dimos ningún otro dato que pudiera influenciarlo.

Después de treinta minutos de silencio, volvió al plató para hacer públicos sus resultados. Había hecho un dibujo de una escalera que estaba en constante movimiento. Había escrito que había agua y que también se movía. A la izquierda del objetivo había dibujado una serie de triángulos con círculos intercalados entre ellos. Sus percepciones eran absolutamente correctas. La productora se encontraba en un centro comercial; estaba sentada junto a una cascada artificial y un árbol de Navidad decorado con adornos redondos, mirando a la gente que subía y bajaba por la escalera mecánica. Fue realmente impresionante.

En los años setenta el ejército de los Estados Unidos financió un programa para investigar cuál podría ser la contribución de la visión remota a los programas clandestinos. Se trataba de un asunto de máximo secreto que había sido recientemente desclasificado. Se llamaba Proyecto Stargate y, oficialmente, dejó de operar en 1995 después de haber sido considerado un fracaso. Sin embargo, los participantes del proyecto difieren de las razones esgrimidas y afirman que el programa se clausuró debido al factor del ridículo. Tal como sucedió con el editor de Elisabeth Kübler-Ross, el estigma de cualquier cosa que huela a parapsicología es demasiado controvertido como para respaldarla.

La diferencia fundamental entre la visión remota y una EFC es que la primera es un cambio controlado de la atención consciente en estado de vigilia. El vidente está despierto y receptivo con el fin de recabar información sobre una situación que tiene lugar en un lugar distante. En estas condiciones, la mitad de tu conciencia permanece contigo y la otra se dirige al sitio donde se encuentra el objetivo para recoger información. Se trata de una habilidad al alcance de cualquier persona y, con paciencia y práctica, se pueden conseguir buenos resultados.

Únicamente puedes comenzar a comprender tu alma como lo que realmente es cuando decides dedicar parte de tu tiempo a mirar dentro de ti para intentar conectarte con el mundo invisible. El misterio de la vida no parece tan misterioso si te aventuras en tu interior y escuchas la voz de tu alma.

Desafortunadamente, nuestro ego actúa como un filtro para nuestra percepción de la realidad. Nos sentimos confusos y desorientados, y juzgamos todo lo que vemos basándonos ciegamente en nuestros cinco sentidos. Como es evidente, utilizamos los ojos para ver todas las cosas del mundo que nos rodea, y escuchamos los sonidos con los oídos; sin embargo, la que registra, memoriza y cataloga cada experiencia es nuestra alma.

EXPERIENCIAS CERCANAS A LA MUERTE...

Si entrenas tu mente para asimilar estas experiencias con amor, tolerancia y generosidad, le ofrecerás a tu alma los nutrientes adecuados para su salud y evolución. Aprende a no darle comida basura, como son el prejuicio y la intolerancia. Si te consideras una persona «espiritual», las herramientas necesarias para tener una vida consciente te parecerán obvias. No obstante, el mero hecho de conocer las herramientas no significa nada si no las utilizas. Todo el conocimiento espiritual es vano, a menos que practiques lo que predicas.

Segunda parte

EL HOGAR DEL ALMA

Capítulo 4

La muerte:
la entrada al hogar

En el plano terrenal, todos los días nuestras almas portan un cuerpo físico cuyas células tienen un movimiento constante: crecimiento, muerte y cambio. Las almas no podrían pasar un tiempo valioso en la dimensión física, aprendiendo y evolucionando, si no tuvieran un cuerpo donde habitar. Un buceador necesita un traje de neopreno, una bombona de oxígeno, una brújula y un reloj para recorrer las profundidades del océano. Lo mismo sucede con nuestras almas, necesitan un cuerpo para cumplir con las funciones y tareas que realizamos en la Tierra. Así como llega el momento en que se agota el oxígeno de las bombonas del buceador, nuestros cuerpos finalmente dejan de funcionar.

Mientras nada bajo el agua, el buceador no está todo el tiempo pensando que el oxígeno se puede acabar en cualquier momento; sabe que eso es inevitable y se limita a deleitarse con lo que ve debajo de la superficie. Aunque esté disfrutando del paisaje submarino o incluso haya encontrado un interesante tesoro arqueológico, sabe perfectamente que deberá subir a la superficie en cuanto el reloj se lo indique. Evidentemente, eso no significa que no pueda volver a bajar más tarde. Cuando el buceador sale a la superficie puede cambiar la bombona de oxígeno y sumergirse otra vez, o bien permanecer en el barco y reflexionar sobre el viaje que acaba de hacer.

A lo largo de la historia, la humanidad ha pensado en la muerte como algo que da temor. Es el miedo a lo desconocido. Y eso se debe a que Dios, con su infinita sabiduría, despierta nuestra conciencia de la realidad mientras nos encontramos en las profundidades oceánicas con una cantidad finita de oxígeno. No sabemos qué pasará cuando la bombona se vacíe; ignoramos que la verdadera realidad, nuestro verdadero «hogar», está sobre la superficie. Nos sumergimos en el mar con un montón de amigos que tendrán que marcharse cuando el oxígeno de sus bombonas se agote. Como es lógico, los echaremos de menos, pero cuando llegue nuestra hora volveremos a encontrarlos allí arriba. Lo último que nuestros amigos desearían es que pasáramos el resto de nuestro tiempo en la Tierra lamentando su ausencia. Si queremos vivir relativamente en paz y morir con cierto grado de aceptación, nos corresponde a nosotros asumir qué es lo que pensamos sobre la «muerte».

LA MUERTE ES UN MERO CAMBIO

Hay una cita de Shakespeare en su obra *Como gustéis*[17] que dice así:

Todo el mundo es un escenario,
y todos los hombres y mujeres meros actores:
tienen sus salidas y sus entradas;
y un hombre en su tiempo representa muchos papeles...

Me gusta mucho esta cita y desearía tomarme la libertad de ampliarla un poco. Antes de hacer su entrada, los «actores» eligen el papel que van a representar y a aquellos que van a acompañarlos en la escena. Los que abandonan el escenario siguen observándonos, animándonos y apoyándonos para que la función sea excelente. Cuando nos llegue el momento de abandonar el escenario, ellos nos estarán esperando entre bastidores para saludarnos. Entonces será nuestro turno de observar la función y aplaudir a nuestros compañeros actores que han quedado en ella antes de que les llegue la hora de reunirse con nosotros detrás del escenario. Luego podremos decidir juntos cuál es el mejor momento para hacer una nueva entrada y qué papel representará cada uno de nosotros.

Todo es un proceso, y considerar la muerte como un «cambio» y no como el «final» es uno de los retos más difíciles que nosotros, como humanos, debemos afrontar. Se trata de un cambio muy positivo. Si la gente comprendiera realmente qué es la muerte, sería un acontecimiento que todo el mundo celebraría y esperaría con ilusión.

Cuando Brian y yo asistimos a un funeral o a una misa de difuntos, a él le resulta muy difícil sentir tristeza. Como es natural, siente empatía por los deudos pero dice que lo que siente por los difuntos se asemeja más a la envidia. Espero que no se me malinterprete, Brian no es una persona taciturna ni tiene tendencias suicidas, pero prefiere estar en *casa* y no en el *colegio*. Es plenamente feliz aprendiendo sus lecciones y mostrándose amable con los demás estudiantes pero, al mismo tiempo, está deseando volver a casa.

Yo también ansío el momento de volver al «hogar», pero mi trabajo en la Tierra aún no ha terminado. Sé que mi misión es modificar la percepción de la muerte que tienen mis semejantes. La muerte es un mero «cambio» tras el cual nuestras almas siguen viviendo.

A principios de la década de los noventa tuve el honor de compartir mesa con uno de los mejores médiums físicos que jamás hayan existido: Leslie Flint. La diferencia entre lo que yo hago y la mediumnidad física es que en ella el médium es capaz de manipular la energía para crear manifestaciones físicas, como por ejemplo formas espirituales, fluctuaciones de temperatura y ruidos. Bajo condiciones de ensayo, Leslie consiguió producir un ectoplasma que formó una caja de voz artificial en el aire. El ectoplasma ha sido descrito como una sustancia lechosa y pastosa exudada a través de los orificios (por lo general, la nariz, la boca y las orejas) del cuerpo de algunos médiums.

Durante una de las sesiones (todas fueron grabadas y se pueden encontrar en Internet) se presentó una conocida actriz británica llamada Ellen Terry. Leslie le preguntó cómo era la muerte y, hablando a través de la caja de voz, ella respondió:

A todos aquellos que me estéis escuchando quiero deciros que no hay que temer la transición desde vuestro mundo a este. Se trata de una gran aventura. Es el gran despertar a un mundo superior de amor, belleza y libertad de pensamiento. Es un mundo realmente espiritual, aunque no tiene nada que ver con la forma en que la humanidad lo ha representado. De hecho, es tan diferente y está tan tremendamente vivo, es tan vital (por así decirlo), tan alejado de la idea que tienen los hombres de las cosas que resulta imposible representarlo o describirlo. Solo podemos sentirlo, percibirlo y conocerlo. No tengáis miedo de abandonar vuestro mundo. Cualesquiera que sean las circunstancias de la vida a la que lleguéis, siempre serán un reflejo de ese mundo en el que vivís, aunque reflejando sus propias circunstancias y las de vuestro tránsito y, muy en particular, vuestro nivel de desarrollo personal. Por lo tanto, encontraréis una situación que se adaptará a vosotros y que siempre será la más adecuada.

EL PROCESO DE TRANSICIÓN

Aceptar que existe una «vida después de la muerte» y no tener miedo a la transición es algo completamente diferente a comprender el proceso. ¿Qué es lo que le sucede al alma que pasa por la experiencia de la muerte? El tipo de muerte que experimenta el cuerpo físico determina las particularidades de la transición. Por ejemplo, cuando la muerte es repentina (como sucede en el caso de un ataque cardíaco fulminante, un accidente de coche, un disparo, un aneurisma, etc.), la transición es tan rápida que el alma apenas tiene tiempo de tomar conciencia del proceso. Por el contrario, el alma entra y sale del cuerpo con mucha frecuencia cuando se trata de una enfermedad o un deterioro físico, y la frecuencia depende del grado de extenuación. Existen circunstancias excepcionales en las que un cuerpo ya no puede responder a las necesidades del alma. La ciencia médica ha tenido la inspiración de desarrollar medicinas para estos casos y estoy convencido de que nunca deberíamos pensar dos veces la posibilidad de recurrir a esta opción.

La madre de Brian sufrió un ataque cardíaco en 2009 y los médicos consiguieron que el corazón le volviera a latir. No obstante, las pruebas demostraron más tarde que el cerebro había sufrido daños irreversibles durante el periodo transcurrido entre el fallo del corazón y el momento en que habían conseguido revivirla. La familia decidió no procurarle cuidados paliativos y los médicos le administraron morfina durante dos días para facilitar su transición.

No me cabe duda de que el alma de la madre de Brian abandonó su cuerpo tan pronto como cayó al suelo; sin embargo, el cordón de plata no se cortó totalmente hasta la intervención de los médicos. Desafortunadamente, algunos de nosotros sufriremos dolores antes de morir, pero el proceso real de abandonar el cuerpo no es en absoluto doloroso.

El deseo de sobrevivir

Los seres humanos son animales complejos y sorprendentes. Tienen un deseo tan intenso de sobrevivir que a menudo se resisten a aceptar que ha llegado la hora de que sus almas abandonen el planeta. El instinto primario de supervivencia está presente en todos nosotros, es un impulso interior por sobrevivir. Solemos programarnos en «modo de protección», pensando que somos capaces de controlar nuestra vida y nuestra muerte. La realidad es que el hecho de intentar aferrarnos a la vida y protegernos va en contra de nuestro ritmo natural y provoca resistencia, que se manifiesta como un conflicto.

Por el hecho de trabajar con moribundos he descubierto que existen almas que, en su vida terrenal, se han sentido obligadas a mantener el control en todas las situaciones con el fin de demostrar algo a los demás. Si al final de su vida sienten que no tienen las cosas bajo control, pretenden aferrarse a este mundo con todas sus fuerzas en vez de, simplemente, dejarse ir. En cuanto crean tener todo controlado, o no se den cuenta de que van a morir, su alma los animará y los ayudará a liberarse. Llegará finalmente el momento en que el alma individual les hará tomar conciencia de que no son el cuerpo, el ego, las limitaciones, los pensamientos, la personalidad, etc., y entonces estarán preparados para fundirse con la verdad de la naturaleza del alma y aceptar que, en realidad, son finitos y forman parte de todo lo que existe. Pero muchas personas lo pasan muy mal al abandonar lo que ellas consideran que es real: este cuerpo, esta vida. Muchas veces el alma necesita que le den ánimo o permiso para abandonar el mundo físico.

Antes de fallecer en 2004, mi padre estaba en coma en el hospital y los médicos nos habían comunicado que le quedaban alrededor de cuatro horas de vida. Toda la familia estaba allí para despedirse de él. Uno tras otro, le susurramos palabras al oído, nos despedimos y le aseguramos que el tránsito al siguiente mundo era una experiencia agradable. Si has pasado por este tipo de situaciones, sabes que es una de las tareas más difíciles a las que una persona tiene que enfrentarse en la vida. Yo fui el último en despedirme de él y mientras lo hacía tuve plena conciencia de que una parte del alma de mi padre estaba fuera de su cuerpo, justo por encima de su cabeza.

Seguí diciéndole al oído que marcharse de este mundo era una experiencia muy positiva cuando, de pronto, le oí decir telepáticamente: «No me marcharé hasta que todos mis hijos me aseguren que no se pelearán por mi casa». Me quedé de piedra y comuniqué de inmediato a mis hermanos lo que había escuchado. Mi cuñado Jay bromeó diciendo que todos tendríamos que cambiar nuestros números telefónicos con el fin de cumplir el deseo de mi padre. Nos reímos y acordamos que jamás discutiríamos por el tema de la casa. Así se lo hice saber a mi padre y al cabo de cinco minutos hizo su transición. Llamamos al médico y todos nos dimos cuenta de que la rápida muerte de nuestro padre lo había sorprendido.

Quiero hacer un comentario sobre esta historia: mi padre había trabajado muy duramente toda su vida para comprar esa casa, que significaba todo para él y que, en cierto modo, reflejaba quién era, a qué había aspirado en la vida y qué había sido capaz de conseguir. Estaba tan orgulloso de haber podido comprar aquella casa que sentía un gran apego por ella. Fue un elemento muy importante en su vida física. Finalmente vendimos la casa y el nuevo propietario la derribó para construir otra completamente nueva.

Yo estaba disgustado por lo que mi padre podría estar pensando en el cielo, por ejemplo que no habíamos protegido su casa. Pero cierto tiempo después, mientras viajaba en tren cerca de Nueva York, oí claramente que me decía: «¿Por qué estás tan disgustado? Era mi casa, el sitio donde yo vivía, tengo recuerdos de los momentos que pasé allí pero ya no los necesito. Quiero llevármelos conmigo y dejar que otra persona construya una nueva casa y cree nuevos recuerdos».

Debbie Ford

Otra experiencia que afectó profundamente a mi vida y mi trabajo (y que es la razón por la que quise escribir este libro) es la que viví con la transición de Debbie Ford, a quien ya he mencionado brevemente. Conocí a Debbie a comienzos de los años noventa en un congreso en San Francisco en el que participaba su hermana Arielle. Después del evento, Debbie y yo nos sentamos en un rincón de un restaurante para compartir la cena y conocernos un poco más. Ella me contó la historia de su vida: su adicción a las drogas, sus relaciones amorosas fallidas y sus problemas de autoestima. Le recomendé que escribiera un libro y compartiera su historia con el mundo; así podría ayudar a millones de personas que tuvieran los mismos conflictos.

El resto ya es historia. Debbie escribió *The Dark Side of the Light Chasers,*[18] fue invitada por Oprah a participar en su programa y catapultada luego a la galaxia de la autoayuda. Desde entonces ha escrito muchos *best-sellers*, dado conferencias en todo el mundo, creado fundaciones y cambiado la perspectiva de nuestro lado oscuro sin ningún tipo de ayuda.

Pero para mí, Debbie será siempre solo Debbie. A pesar de su repentina fama no se olvidó de sus amigos y todos ellos suelen destacar que siempre siguió siendo una persona «real». Sin embargo, en las buenas épocas también hay malos momentos. Muy pocas personas sabían que Debbie sufría una forma extraña de cáncer y que luchaba contra la enfermedad desde hacía varios años. Aquellos que conocían su estado sabían que siempre estaba investigando nuevos tipos de tratamientos con la ilusión de encontrar alguno que pudiera ayudarla. Nunca perdió la esperanza.

En 2011 viajé a Manhattan para dar una conferencia. Estaba en mi habitación del hotel cuando de pronto oí que llamaban a la puerta. Al abrirla encontré a Debbie, guapa y pícara como siempre. Nada más entrar en la habitación me dijo efusivamente:

—Hola cariño, te echaba de menos.

Después nos pusimos a hablar sobre cómo nos trataba la vida y Debbie me dijo que quería preguntarme una cosa. Y lo que me preguntó fue:

—James, ¿me ayudarás a hacer el tránsito cuando llegue el final y esté a punto de morir?

Me quedé perplejo. Pero se trataba de Debbie y con ella siempre esperaba lo inesperado.

—Si está en mis manos, por supuesto que sí. Sabes que haría cualquier cosa por ti —le respondí.

Debbie se mostró aliviada y después de agradecérmelo cambió abruptamente de tema. Estaba a punto de escribir un nuevo libro que quería titular *Courage*.[19] Después de aquella visita jamás volvió a mencionar el tema de la muerte, a pesar de que solíamos hablar por teléfono con frecuencia.

Aquel día fue la última vez que vi a Debbie físicamente viva. Debido a nuestro trabajo, y a que los dos viajábamos con frecuencia, nunca volvimos a coincidir en la misma localidad.

A comienzos de 2013 recibí una llamada telefónica muy tarde por la noche. Era Jorge, un buen amigo de Debbie y mío. Jorge es una persona alegre y optimista, pero en aquella ocasión su voz sonaba seria y triste.

—Estoy en casa de Debbie, no se encuentra muy bien y quiere hablar contigo.

Me di cuenta de que su fin estaba muy cerca y esto me conmocionó. Jorge le pasó el teléfono y la escuché decir con un hilo de voz:

—James, creo que será esta noche. Me estoy preparando para partir.

Yo estaba muy afectado y comencé a llorar. Sabía que había llegado el momento que ella había mencionado en la habitación del hotel de Nueva York y tuve que sobreponerme para poder decirle algo.

—Te quiero, Debbie. Estoy aquí. Si te sientes perdida, piensa en mí y yo estaré allí a tu lado. Estoy contigo. Podemos hablar mentalmente.

Ella ya estaba muy débil y apenas fue capaz de responder:

—¿De verdad? Yo también te quiero. Adiós.

Jorge volvió a tomar el auricular y se lo pasó a la hermana de Debbie. Le indiqué a Arielle que le pidiera a Debbie que se visualizara como una pluma que volaba empujada por el aire, y le insistí en que le recordara constantemente esa imagen. Arielle me aseguró que me llamaría por teléfono en cuanto sucediera algo.

Esperé esa llamada durante horas. No dejé de pensar en Debbie en ningún momento, pero no pude llegar hasta ella con mis pensamientos. Sabía que aún no se había marchado. Finalmente llamé a Arielle para que me informara de cómo estaban las cosas y me contó que había pasado la noche con su hermana y se había despedido de ella. Pero también me comentó que todos estaban muy sorprendidos de que Debbie siguiera aferrándose a este mundo durante tanto tiempo. Ni siquiera la enfermera había visto a nadie resistirse tan intensamente a morir en un estado tan grave. Sin embargo,

Arielle conocía bien a Debbie y sabía que se marcharía solo cuando estuviera preparada. Entonces me preguntó si yo podía hacer algo para ayudarla y le respondí que haría todo lo que estuviera en mis manos.

Después de colgar el teléfono dejé a Brian y a los perros en la planta baja y me encerré en mi dormitorio. Me tumbé sobre la cama y comencé a meditar. Me concentré en Debbie y empecé a ver claramente su rostro. Parecía tener treinta años. Cuando pronuncié su nombre, me miró directamente a los ojos y me sonrió. Le dije mentalmente: «Cuál es el problema, Debbie? ¿Por qué no quieres marcharte? Hay personas que te esperan al otro lado».

Ella justificó rápidamente su actitud, chillando: «¡Soy madre, James!».

Le dije que Beau (su hijo) estaría bien, que ya estaba en la universidad y que la familia se ocuparía de él con mucho cariño.

Entonces, cerrando sus ojos de gacela, exclamó: «La muerte es muy extraña, es como si me hubieran dado un juego de llaves de un coche nuevo pero yo no sé conducir». Ese comentario era muy típico de Debbie. Luego dijo algo que no olvidaré en toda mi vida: «Durante años he estado tan preocupada por enseñar a los demás a vivir que ahora ni siquiera sé cómo morir!».

Me sonreí porque sabía que era la pura verdad. Todas sus vidas pasadas desfilaron por mi conciencia y vi telepáticamente todas las escenas de sus diferentes muertes. Había sido una guerrera, una comandante, una líder, una sacerdotisa, y en todas sus vidas había sido asesinada por sus creencias. Dado que su transición actual era inminente, tuve la sensación de que ella también era consciente de sus vidas pasadas. Pude transmitirle que era un ser combativo y resistente.

Me aseguré de que me prestara atención antes de comunicarle telepáticamente: «Debbie, esas son experiencias pasadas. Ahora mismo lo único que tienes que hacer es mirar hacia arriba y visualizar una cortina dorada».

Ella me preguntó: «¿Estás seguro, James?».

Y yo le respondí: «Sí, busca a tu padre; está allí con algunos de tus amigos de Miami. Simplemente, ve hacia ellos».

Tuve una visión que me recordó a Dorothy saltando por un camino de ladrillos amarillos. Pero no era Dorothy, sino la hermosa y querida Debbie mirando hacia atrás una vez más y sonriéndome.

Recuperé plenamente la conciencia y bajé las escaleras para ir al salón, donde Brian seguía mirando la televisión. Le conté lo que había pasado, nos abrazamos y lloramos.

De repente, la habitación se congeló. Brian me preguntó si había dejado alguna puerta abierta en la planta superior.

Yo respondí:

—Es Debbie.

Pero como Brian es una persona pragmática (y doble Virgo) subió para comprobar si había alguna puerta abierta. Cuando volvió dijo:

—Está todo cerrado. Tienes razón, tiene que haber sido Debbie.

La habitación volvió a tener su temperatura habitual y ambos experimentamos un sentimiento de gratitud y una sensación de plenitud. Fui incapaz de contener las lágrimas. Entonces sonó el teléfono: era Arielle, para comunicarnos que Debbie se había marchado. Le dije que ya lo sabíamos, que acababa de venir a visitarnos y que por fin se había liberado.

Pensé que no me iba a resultar muy fácil conciliar el sueño aquella noche; sin embargo, dormí profundamente. Alrededor de las cinco de la mañana me desperté con la sensación de que alguien me había golpeado en la cabeza con un martillo. Abrí los ojos y allí estaba Debbie, rogándome que encendiera el ordenador. Abandoné apresuradamente el dormitorio para dirigirme a mi despacho, puse el ordenador en marcha y comencé a escribir todo lo que ella me dictaba.

No dejaba de exclamar: «Soy libre, James! ¡Soy tan libre! No puedo creer lo obsesionada que estaba con mi cuerpo! ¿En qué estaría yo pensando? ¡Qué locura!». Esto me resultó muy gracioso porque todos los que conocíamos a Debbie sabíamos cuánta importancia le concedía a su aspecto, siempre obsesionada por mejorar su imagen.

«Dile a todo el mundo que no se preocupe tanto por las cosas físicas —continuó—. Eso dificulta el momento de abandonarse cuando llega el final. Diles que, como almas, forman parte de la "unidad del Todo"».

Permanecí sentado en mi escritorio durante dos horas, llorando y riéndome. Envié correos electrónicos a su familia y amigos porque ella me había pedido que compartiera sus pensamientos. Debbie Ford es un alma grande y desea que otras personas lleguen a comprender que también lo son durante su experiencia humana, sin tener que esperar el momento de la muerte para darse cuenta de ello.

Nuestros seres queridos nos esperan

Estaba convencido de que la primera persona en recibir a Debbie cuando hiciera la transición sería su padre. En el lado espiritual de la vida existe un «conocimiento» telepático de tu retorno al hogar.

Mi padre soñó con mi madre (que había fallecido muchos años atrás) antes de caer enfermo; la veía muy joven y guapa. Ella estaba en un tren, le pedía que subiera y él accedía.

—Tu madre me pidió únicamente a mí que subiera al tren, vosotros no estabais invitados —me dijo mi padre mientras me contaba su sueño.

Cierto tiempo después de que la madre de Brian falleciera, su padre nos juró que su propia madre (que había muerto en 1964) había pasado junto a él mientras estaba en la cocina y luego le había hecho señas para que saliera de la casa por la puerta principal. El padre de Brian murió un año después de aquella visita.

Todas las almas que han completado la transición y que has conocido en el plano físico tienen un trabajo que hacer cuando se acerca el momento de tu propia partida, desde colaborar en tu transición hasta crear un ambiente propicio para recibirte. Incluso aquellas muertes que nosotros los humanos definiríamos como súbitas o inesperadas, como sucede en los accidentes o asesinatos, se visualizan perfectamente por anticipado en el mundo espiritual. Los guías, la familia y los maestros tienen plena conciencia del alma, se unen a ella en cada uno de sus movimientos y la guían en su retorno a casa.

¡No existe ningún alma que haga sola la transición! Los seres espirituales están muy atentos y cuidan esmeradamente de ti durante todo el viaje; todos ellos están muy entusiasmados y preparados para tu llegada a su mundo. Es el epítome de una fiesta de «Bienvenido a casa».

EXPERIENCIAS EN EL LECHO DE MUERTE

A pesar de lo que imaginamos los seres humanos, no se siente dolor alguno cuando el espíritu abandona el cuerpo en el momento de morir. Es un fenómeno muy natural que a menudo se ha descrito como el «flujo y reflujo de la marea». Muchos médicos, enfermeras y familiares cuentan que, en un determinado momento, los moribundos abren repentinamente los ojos, dejan de sentir dolor, extienden los brazos y empiezan a hablar con los seres queridos que los han precedido en el tránsito. Mucha gente incluso describe la asombrosa belleza del «otro mundo».

Existen casos históricos documentados de personas muy famosas que en su lecho de muerte recuperaron repentinamente la lucidez y expresaron lo que estaban experimentando antes de abandonar la Tierra. Las últimas palabras del poeta alemán Schiller fueron: «Muchas cosas se vuelven cada vez más simples y claras para mi entendimiento». Cuando Thomas Edison falleció en 1931, se despertó súbitamente de un coma y exclamó: «¡Todo aquello es muy hermoso!».

Acabo de leer un libro titulado *Stop Worrying! There Probably is an Afterlife* (¡Deja de preocuparte! Probablemente hay un más allá), de Greg Taylor. El autor describe con gran detalle muchas visiones en el lecho de muerte a lo largo de la historia, incluyendo una variación denominada experiencia del Pico de Darien. Se trata de una visión en la que el moribundo ve a sus seres queridos haciéndole señas para que vaya hacia ellos, pero entre todos esos espíritus hay alguien que, supuestamente, está vivo. Mucho antes de que existieran los móviles podían pasar días, semanas o meses antes de que la gente se enterara de la muerte de un familiar que vivía en un lugar distante. Taylor relata muchos casos debidamente documentados sobre visiones en el lecho de muerte en las que aparecía el espíritu de un ser querido cuya muerte aún era desconocida para la familia. Su investigación me parece muy convincente.

UNA TRANSICIÓN SUAVE

En los casos en los que el cuerpo humano ha sufrido una enfermedad o ha estado hospitalizado durante cierto tiempo, el alma recibe cuidados suplementarios después de la transición porque la mente todavía lleva consigo la idea de enfermedad. Cuando la muerte del cuerpo físico se produce en un hospital, en el mundo espiritual se recrea el mismo contexto con el propósito de que el cambio no sea tan discordante. Pero si la pérdida de conciencia es mínima, o no existe en absoluto, como sucede con un ataque cardíaco o un aneurisma, el alma suele sentir que está entrando en un mundo onírico. A medida que los ojos físicos se cierran y comienzan a abrirse los ojos espirituales, la persona se encuentra de repente fuera del cuerpo y todo lo que experimenta a partir de entonces es increíblemente luminoso y feliz. Todos los sentidos parecen agudizarse y la familia del alma escolta a los recién llegados, conduciéndolos hacia un mundo asombrosamente iluminado.

Entonces pueden ver con toda claridad los amados rostros de su familia espiritual. Sus seres queridos han estado observando con paciencia el crepúsculo de su cuerpo físico y el amanecer de su cuerpo espiritual. El alma que acaba de llegar puede sentir que está aturdida, pero no podrá negar el increíble éxtasis de felicidad que su familia espiritual le está transmitiendo. Muy pronto se adaptará y quedará inmersa en este nuevo modo de vida; todos los dolores, sufrimientos o desafíos que formaban parte de su vida terrenal habrán desaparecido. En ese momento, aliviada y libre, el alma reconoce que ya no está en la Tierra porque las emociones son ahora más intensas, los colores y sonidos más claros y el pensamiento telepático. El espacio es ilimitado y el tiempo no es lineal.

Los guías aconsejan a muchas almas nuevas que asistan a sus funerales, o misas de difuntos, para confirmar que ya no están en el plano físico. Poco tiempo después de que un buen amigo mío llamado Michael hiciera su transición en los años ochenta, su guía (una sacerdotisa africana) se apareció en mi dormitorio con Michael en brazos porque él quería escuchar de alguien que le mereciera plena confianza que estaba realmente «muerto». Cuando le comuniqué telepáticamente que era verdad, Michael lo aceptó y ambos desaparecieron tan rápidamente como habían llegado.

Cuando las almas retornan y merodean entre los seres terrenales, sienten la pesadez y densidad de esta dimensión y les llama la atención las ilusiones de libertad y la conciencia que tenían cuando eran seres humanos. Intentan comunicarse con las personas que aman enviándoles pensamientos para hacerles saber que están bien y *vivos*, pero los seres queridos que siguen en la Tierra a menudo están demasiado obnubilados por la pérdida y el dolor como para poder recibir sus mensajes. Los espíritus hacen intentos tímidos por comunicarse que, por lo general, pasan inadvertidos.

Muy pronto el alma comprende que en la Tierra ya no hay sitio para ella. Es un espacio plano y limitado. En el mundo espiritual las almas se desplazan a la velocidad del pensamiento y, por ello, lo único que puede impedir que se muevan son las limitaciones de su propia mente.

Expectativas de llegar al paraíso

En el mundo espiritual se afirma con frecuencia que la transición de una persona es más fácil si conoce someramente lo que sucede después de la muerte o, al menos, tiene alguna idea de lo que puede esperar. La madre de Brian era una cristiana acérrima que jamás podría haber encontrado ninguna razón para leer uno de mis libros, pero lo hizo porque yo era la pareja sentimental de su hijo. Después de su muerte se ha manifestado varias veces ante mí para decirme que la información que había conocido gracias a mis libros había contribuido a que su transición fuera mucho más fácil que la de sus amigas devotas.

Quienes en la Tierra mantienen criterios estrictos y opiniones prejuiciosas pueden tener más dificultades para aceptar su nuevo mundo. Pueden creer que todavía están vivas porque siguen sintiéndose sólidas y lo único que desean es despertar. A medida que el tiempo pasa, el alma empieza a entender que ni siquiera tiene necesidad de pronunciar una sola palabra; todos los que habitan en este nuevo mundo se conocen entre sí a través de sus pensamientos y su carácter. En la Tierra uno puede ocultar sus pensamientos y evitar hablar de su pasado, pero en el mundo espiritual sucede todo lo contrario.

Una de las mayores transiciones que experimenta el alma es que la muerte la ha vuelto del revés. La conciencia, que en la Tierra la persona debía necesariamente dejar a un lado para poder funcionar en el plano físico y que había asumido que era únicamente suya, se revela ahora como siendo una con el Todo, tal como siempre lo ha sido. La gota de agua que era esa conciencia terrenal se ha liberado y se ha convertido en un océano infinito.

Capítulo 5

El mundo espiritual

Recuerdo una ocasión en la que participé en *El Show de Joy Behar*. En ese programa Joy tuvo dificultades para aceptar la idea de que el alma de Hitler y el alma de la Madre Teresa pudieran encontrarse en el mismo lugar.

Todas las almas retornan al mundo espiritual pero, como la religión nos ha programado para que pensemos en términos de «paraíso» o «infierno», la mayoría de nosotros lo pasamos mal pensando que esas dos almas podrían ir a parar al mismo sitio. La respuesta fácil es que realmente van al mismo lugar, el mundo espiritual. La respuesta difícil es que no están en el mismo espacio del mundo espiritual. Si dejas caer una gota de agua en el mar Mediterráneo y otra en la bahía de San Francisco, ambas gotas están en el mismo sitio pero a la vez no lo están.

Mientras estoy aquí sentado intentando describir la geografía y el diseño del mundo espiritual, me parece una tarea tan inconmensurable que podría dedicar un libro entero solamente a su cosmología. Por lo tanto, he decidido que las descripciones sean sucintas y transmitir únicamente las características «generales» de este mundo dentro de los mundos, aclarando que en él hay infinitos niveles, planos y variaciones que componen ese espacio extremadamente concurrido y ajetreado, y muy real. Me concentraré en lo que considero más importante para que tengas una idea general de su funcionamiento.

MUNDOS DENTRO DE OTROS MUNDOS

A lo largo de los años innumerables teólogos, psicólo-gos y poetas han escrito sobre el mundo del Espíritu y el si-tio al que nos dirigimos cuando muere el cuerpo físico. He leído muchos de esos libros y, basándome en ellos y en mi propia labor como médium, estoy desarrollando los aspectos esenciales de esta dimensión. Una vez más, quiero insistir en que los seres humanos no pueden conocer la verdad sobre el mundo espiritual debido a las limitaciones de su cerebro. Solo hay teorías. Como ya he señalado, si comprendes lo que digo, acéptalo; de lo contrario, considera que no iba dirigido a ti. Se dice que Buda afirmó: «No creáis en nada, indepen-dientemente de dónde lo hayáis leído o de quién lo haya afir-mado, incluso aunque haya sido yo, a menos que concuerde con vuestras propias razones y vuestro sentido común».

El concepto de eternidad puede ser sorprendente. La-rry King me dijo en cierta ocasión:

—Si todo el mundo tiene un alma y hoy en día hay mu-cha más gente en la Tierra que hace dos mil años, ¿de dónde vienen todas esas nuevas almas?

Su pregunta me desconcertó porque jamás se me hubiera ocurrido que alguien pudiera detenerse a pensar en eso. Siempre consideré que el Espíritu era infinito y que el número de almas que residen en la Tierra era finito. Podrías tener diez, luego cien y finalmente mil personas recogiendo unas gotas de agua del océano y solo un individuo devolviéndolas al mar, y todavía no conseguirías hacer mella en el océano.

El mundo espiritual es un lugar donde impera el orden divino: hay almas que salen y otras que entran constantemente. La mayoría de las almas no están preparadas para entrar en las dimensiones espirituales y piensan que están viviendo una especie de sueño. Son escoltadas por una energía, que ellas reconocen como sus seres queridos terrenales, que les ayudan a traspasar el umbral para entrar en su hogar natural. Una de las primeras cosas que advierte un alma es que es un ser multidimensional de energía. Algunas energías pueden vibrar a un ritmo muy rápido, como la de la Madre Teresa, y otras, como la de Hitler, muy lentamente.

La energía del amor que tiene cada alma en el momento de abandonar el cuerpo físico vibra con diferentes cadencias, y la energía a la que estás vibrando cuando se rompe el cordón de plata determinará cuál es tu sitio en la dimensión espiritual. Los niveles no se consideran buenos ni malos (ese concepto no existe para el Espíritu); son sencillamente diferentes. Quienes realizan un esfuerzo consciente y utilizan su libre albedrío para elevar la energía del amor en la Tierra (o que han contribuido a que el tapiz del que ya hablé sea más brillante) gravitarán hacia ese nivel del Espíritu; las que hayan inhibido dicha energía serán conducidas a un nivel diferente.

Así como la Tierra se compone de muchos países, el mundo espiritual está formado por muchos niveles. Estos «mundos dentro de los mundos» son niveles energéticos y no se encuentran en una localización específica. El mundo espiritual, o cielo, no está «arriba»; es interdimensional. *Todas las cosas* ocupan el mismo espacio pero la energía vibra a diferentes ritmos y cada nivel es un mundo sólido y real para los seres que lo habitan.

EL MUNDO ASTRAL

El primer sitio al que llega un alma que retorna al mundo espiritual se conoce como mundo astral. A menudo me refiero a este nivel como la «estación receptora». Es allí donde cada alma se reencuentra con los familiares y amigos del pasado que han participado en su evolución. Cuando voy a recoger a alguien al aeropuerto, no puedo evitar pensar que el alma en transición debe de sentir algo parecido cuando llega al mundo espiritual y ve que sus seres queridos están esperándola. Si los que han quedado atrás en la Tierra pudieran sentir la intensa emoción que experimenta el alma que acaba de llegar al otro mundo, no sufrirían tanto su pérdida.

Cuando el alma llega a esa nueva dimensión, se sorprende al descubrir que es muy similar a la Tierra. Su forma y estructura se parecen mucho a nuestro mundo físico con el fin de que la transición no resulte tan chocante. Hay casas, edificios señoriales, jardines increíbles, lagos, ciudades, mascotas y todo tipo de deportes y juegos. De diversas maneras, este mundo es un duplicado de nuestra existencia terrenal y de todo lo que comprendimos en ella, solo que es más bello. La Tierra es un mundo físico; el plano astral se asemeja más a un mundo mental creado por el pensamiento y, sin embargo, todo en él parece sólido y real. Muchos han afirmado que hay casas hermosas rodeadas de jardines creados en perfecta proporción con ellas.

Tanto los paisajes como las viviendas parecen ocupar su sitio natural y reflejan el carácter de la persona a la que pertenecen. Todo es bello, luminoso y natural; corresponde exactamente a lo que siempre imaginamos del mundo celestial. Y es también un ambiente en el cual una persona puede dedicarse finalmente a alguna actividad artística que nunca tuvo tiempo de realizar durante su estancia en la Tierra. Es un lugar creativo, lleno de música y arte. Parece ser un sitio donde se cumple todo lo que tu corazón desea.

Lo semejante se atrae, de modo que en el mundo astral se reproducen las creencias sobre el más allá que has tenido en la Tierra con el propósito de que la transición sea más suave. Por ejemplo, si te han educado como un cristiano ferviente, gravitarás hacia un nivel del mundo astral donde residen personas que comparten tus creencias y valores. Lo mismo podría decirse de los no creyentes o de los escépticos: ellos también seguirán viviendo pero en un nivel del mundo astral destinado a los que rechazaban la existencia de una vida después de la muerte.

Hace poco tiempo, mientras me comunicaba con un espíritu, tuve una experiencia interesante que me lo dejó muy claro. Durante una comunicación que hice en público, estaba transmitiéndole a una mujer de la audiencia un mensaje de su difunto marido. De pronto, tomé conciencia de la presencia del alma de un hombre al que reconocí de inmediato como el padre de esta mujer, que también había fallecido. El hombre permaneció de pie en un rincón de la sala con los brazos cruzados y mirándome fijamente. Cuando lo reconocí telepáticamente, me dijo: «¿Por qué tendría yo que comunicarme con usted ahora? Cuando vivía no creía en estas cosas».

Me dejó pasmado, pero más tarde comprendí que somos exactamente lo que pensamos y que el ambiente que creamos concuerda con nuestro nivel de conciencia. Es un error creer que todas las almas experimentan una expansión inmediata de la conciencia después de abandonar el cuerpo. Tú eres aquello en lo que crees; y crecerás, te desarrollarás y evolucionarás conforme a tu propio ritmo.

Muchas personas tienen la falsa idea de que en cuanto lleguen al mundo espiritual todo será muy fácil y no tendrán que preocuparse por aquello que han hecho o que no han conseguido hacer durante su estancia en la Tierra. Pero las cosas no son así. Es verdad que allí estás constantemente rodeado de amor y aceptación, pero del otro lado de la vida también nos esperan TODOS nuestros pensamientos, palabras y acciones, así como también todos aquellos a quienes perjudicamos de alguna manera o con los que fuimos injustos. No existen opiniones, salvo las del ser. Él es, de hecho, el gran nivelador.

Un amigo me contó un relato que ayuda a comprender que lo que pensamos en la Tierra a veces no corresponde en absoluto con lo que descubrimos en el mundo astral.

Un hombre muy rico muere y se encuentra con san Pedro en la puerta del paraíso. San Pedro lo conduce a través de diversas puertas y el hombre se maravilla ante la belleza y opulencia del cielo. A su alrededor hay mansiones luminosas y coloridas, espléndidas praderas y jardines que quitan el aliento. El hombre le comenta a san Pedro:

—Esto se parece mucho a una de mis propiedades. Como bien sabes, yo era uno de los hombres más ricos de la Tierra y tenía mansiones como estas en todas partes del mundo. Tenía cientos de empleados que se encargaban de hacer todo lo que yo necesitaba.

San Pedro no respondió y siguió guiándolo por uno de los senderos de este nuevo mundo.

A medida que avanzaban, el hombre estaba convencido de que viviría en una de esas maravillosas mansiones que acababa de ver.

—¿Cuál es mi casa? ¿Dónde está? – preguntó. Y se mostró tan insistente que san Pedro decidió mostrarle su nuevo hogar y le pidió que lo siguiera porque ya no estaban muy lejos.

El camino era cada vez más estrecho y resultaba difícil ver dónde poner los pies. El hombre miró a su alrededor y se percató de que las majestuosas y verdes praderas se habían tornado amarillentas y algunas zonas estaban llenas de lodo. Las mansiones habían desaparecido y solo veía pequeñas chozas.

El hombre detuvo abruptamente a san Pedro para preguntarle:

—¿Dónde está mi casa? ¿No habrás tomado un camino equivocado?

San Pedro sonrió y le contestó:

—Unos pocos pasos más y habremos llegado.

El hombre estaba hecho un lío y pensó que san Pedro lo había confundido con otra alma, y al ver que las chozas que había a su alrededor se habían transformado en míseros chamizos, comenzó a desesperarse. Tomó a san Pedro por el brazo y, gritando exasperadamente, le preguntó:

—*¿Dónde está mi casa? ¡Volvamos atrás!*
Sin dejar de sonreír, san Pedro señaló una pila de leña y cartón
que había no muy lejos de allí y le dijo:
—*Allí está su casa.*
Convencido de que san Pedro estaba cometiendo un error, el
hombre exclamó:
—*Pero ¿qué clase de broma es esta? ¿Acaso no sabes quién soy?*
San Pedro lo miró y le respondió amablemente:
—*Esta es tu nueva casa, la única que pudimos construir con los*
materiales que nos enviaste.

En el mundo astral tú creas tu propia existencia con todo lo que ha nutrido tu corazón durante la estancia de tu alma en el mundo terrenal. Si has vivido una vida caracterizada por la estrechez mental, la inhibición, la intolerancia, el odio o los juicios de valor, eso es precisamente lo que tendrás que afrontar cuando llegues al mundo del Espíritu. Algunas personas podrían llamarlo infierno, pero es algo que se repite constantemente en la Biblia: «Cosecharás lo que siembras». Tus pensamientos, palabras y actos tienen consecuencias.

El hecho de regresar al plano terrenal para vivir diversas situaciones y experiencias responde al intento de evolucionar hasta alcanzar la naturaleza superior del amor. Si deseamos desarrollarnos y crecer, es preciso modificar nuestra conciencia con el propósito de cultivar la comprensión y la compasión mutua. Mientras están en la Tierra, las almas crean su ritmo vibratorio mediante sus actitudes, elecciones, pensamientos y creencias. Cuando un alma opta por instalarse en la vibración del amor y renuncia a los juicios y las limitaciones, eleva automáticamente el nivel vibratorio de su energía. ¡Qué duda cabe de que es mucho mejor conseguirlo mientras estamos en el cuerpo físico!

Yo hice una lectura en el sitio donde falleció Elvis Presley y otra donde murió la princesa Diana. Estas dos personas tuvieron experiencias de vida totalmente diferentes; curiosamente, ambas expresaron la misma sensación: que sus almas se habían elevado hasta un nivel del mundo astral que ninguna de ellas creía merecer gracias a la abundancia de oraciones y afecto que recibieron de los seres humanos de la Tierra. No obstante, todo es una cuestión de percepción. Elvis y Diana llevaron una vida normal en la Tierra, incluidos sus defectos, sin tener conciencia del impacto que tenían realmente sobre los demás.

Tengo la bendición de poder contar con Shirley McLaine entre mis amigos. En cierta ocasión nos encontramos para cenar y le pregunté si era consciente de cuánto había contribuido a cambiar la conciencia del mundo. Ella me contestó:

—Hmm, no mucho.

Su respuesta me sorprendió porque conozco personalmente a cientos de personas cuyas vidas han cambiado gracias a sus libros. Por ejemplo, a pesar de haber sido educado en el catolicismo, mi marido, Brian, fue agnóstico casi toda su vida sin confesarlo. Cuando era apenas un niño le enseñaron que existía un solo sistema de valores y él supo instintivamente que eso no era verdad, de modo que la única opción que tuvo en la infancia fue no creer en nada. Pero un día leyó el libro de Shirley *Out on a Limb*[20] que lo ayudó a despertar y descubrir una nueva forma de pensar. La pieza cuadrada del alma de Brian que había luchado por pasar a través del agujero redondo del catolicismo se deslizó suavemente a través del nuevo orificio que Shirley había creado. Le permitió adoptar una forma nueva de pensar que no conocía.

Para Brian fue *su* acontecimiento extraordinario. Si él no hubiera adquirido un nivel superior de conciencia antes de conocerme en 1994, no hubiéramos podido funcionar como pareja porque él nunca habría aceptado mi trabajo. Y si Brian no estuviera a mi lado, yo no podría dedicar mi vida a viajar y enseñar. Es un gran efecto dominó. Pero Shirley desconoce estas historias; ella se centra en su vida como comediante, madre, abuela, hija y hermana. La capacidad de reconocer la propia contribución a la tarea de inspirar al mundo no forma parte de la naturaleza humana. La humildad puede conseguir que los árboles nos impidan ver el bosque.

Pero me estoy yendo por las ramas. Lo que quería decir es que puede suceder que en la Tierra no llegues a tener conciencia de lo que realmente cuenta. Los raptos ocasionales de bondad, o una sonrisa dedicada a un extraño, prevalecen sobre el hecho de asistir a misa por obligación todos los domingos. Tú puedes cambiar literalmente el campo energético que te rodea por medio de pensamientos nobles y atraer a tu vida únicamente a aquellas personas que gravitan hacia la vibración superior. Recuerda que lo semejante se atrae, de manera que cuando tú atraes esa energía, en tu vida solo pueden suceder cosas positivas; y lo que cosechas puede proceder de algo que has sembrado sin haber tenido la menor conciencia.

El alma no solamente aprende y evoluciona mientras está en el plano físico, sino también cuando se encuentra en las dimensiones espirituales. En el mundo astral existen una multitud de estratos y niveles. Hay muchas almas que deciden permanecer en él durante largos periodos de «tiempo». Escribo la palabra «tiempo» entre comillas porque el tiempo lineal es solo una herramienta de las tres dimensiones. El tiempo, tal como nosotros lo conocemos, no existe en los reinos del Espíritu. Todo lo que ha existido, existe o existirá ocurre al mismo tiempo. Sé que el concepto es un poco sorprendente, por eso dejaré que lo expliquen mentes más brillantes que la mía. No obstante, como somos seres espirituales que estamos viviendo una experiencia física en la Tierra, nuestra conciencia del tiempo como pasado, presente y futuro es un instrumento necesario.

EL MUNDO ETÉRICO

Las almas que están en el mundo astral pueden reencarnarse directamente desde esa dimensión astral o pueden ascender a dimensiones más sutiles conocidas como «mundo etérico». En los planos astrales las almas tienen la libertad de expresarse plenamente y están muy satisfechas con las experiencias que les brinda este mundo vasto y ecléctico. Las relaciones que tenemos con el mundo físico son mucho más intensas en el mundo astral, y muy reconfortantes. Algunas de las propiedades del mundo etérico se pueden sentir en los niveles astrales cuando se materializan de formas diversas, por ejemplo como pensamientos inspiradores o incluso como magníficas expresiones creativas. Es como si todos los que se encuentran en el mundo astral fueran los destinatarios de las gotas de Dios que llegan desde los niveles superiores.

El mundo etérico vibra a mayor velocidad que el mundo astral. Parece estar hecho de almas que han alcanzado la pureza de mente y que se conectan realmente con nosotros a través de lo que se conoce como inspiración. Todas las grandes composiciones musicales, las magníficas obras de arte y los descubrimientos científicos tienen su origen en el mundo etérico. Es un mundo sin formas hecho de conciencia pura, donde el pensamiento y la energía se desplazan más rápidamente que el mejor superordenador que puedas imaginar.

En el mundo etérico la parte de nuestro ser que vibra lentamente se encuentra con la parte del alma que tiene mayor vibración. Es el espacio donde habita el «Ser Superior». Este plano lleno de luz, amor y verdad, que interactúa verdaderamente con nuestro ser mental y ayuda a crear pensamientos abstractos, será la puerta por la que descenderán los niveles superiores de sabiduría para integrarse con los aspectos inferiores de nuestro ser.

Como médium, no establezco contacto con entidades del mundo etérico, una dimensión donde los vínculos con la personalidad que tuvimos en la Tierra (y con los seres queridos que recordamos del mundo terrenal) son muy tenues. Como regla general, cuanto mayor sea el tiempo que un alma ha estado desencarnada, más difícil me resulta ponerme en contacto con ella. Y para que se produzca una verdadera conexión mediúmnica necesito una persona del plano físico que la haya conocido. Lo que estoy intentando decir es que, por ejemplo, no puedo conjurar a Abraham Lincoln sencillamente porque alguien me lo solicite.

Acabo de leer una excelente novela llamada *A Brief History of the Dead*, de Kevin Brockmeier.[21] En ella, el autor hace referencia a muchas tribus africanas que creen que el hombre puede ser dividido en tres categorías: los que aún están vivos en la Tierra (los humanos), los que han muerto recientemente (*sasha*) y los muertos (*zamani*). Cuando la persona muere, se convierte en *sasha*, y sigue siéndolo mientras en la Tierra siga habiendo gente que la recuerde. Cuando muera la última de esas personas, pasarán a ser *zamani* y entonces serán reverenciadas y recordadas solo por su nombre.

No estoy diciendo que los seres humanos no puedan acceder a la sabiduría del mundo etérico porque, de hecho, pueden hacerlo. La «canalización en trance» es una expresión muy amplia usada para describir la experiencia de un ser humano que se convierte en un vehículo a través del cual se expresa la sabiduría e inteligencia de los reinos superiores. En vez de comunicarse con la conciencia desencarnada de tu tío Joe, que acaba de morir, tal como yo hago, el canalizador, que está en trance, es una vía de conexión con uno o más seres superiores que impartirán sabiduría y conocimiento desde esos reinos.

The Seth Material,[22] *A course on Miracles*[23] y Abraham-Hicks son algunos ejemplos de esa conexión con la inteligencia infinita. Los seres humanos que imparten esta sabiduría (como Jane Roberts con Seth y Esther Hicks con Abraham) pueden acceder a los reinos superiores de un modo particular o definir en términos diferentes qué es lo que realmente hacen, pero es innegable que la información que recogen, y luego comparten, no procede de su propia conciencia.

La gente suele preguntarme si en el momento de su propia muerte pueden ser recibidos por los seres queridos que ya han abandonado el mundo astral porque se han encarnado nuevamente en el plano físico o se han trasladado al mundo etérico. La respuesta es sí. Delimitar lo que puede hacer un alma, dónde puede manifestarse o cómo puede dividir su conciencia es lo mismo que mirar las cosas con la mentalidad tridimensional de nuestra perspectiva humana. El alma no está gobernada por nuestra percepción del espacio y el tiempo.

EL REINO CELESTIAL

A menudo se lo denomina el «reino angélico». Las almas que habitan en este nivel han alcanzado un grado particular de evolución espiritual y se las podría considerar seres elevados. En este plano residen los ángeles, arcángeles, místicos, maestros y profetas que conocemos como Jesús, Mahoma y Buda. Las almas que están en este reino se ocupan de llevar el flujo puro del amor de Dios hacia las esferas inferiores. Probablemente, muchos de los que residen en esta dimensión no han estado jamás en el plano terrenal y, en realidad, se componen de materia de origen celestial o extraterrestre. Esta energía de vida es más bien un ser de luz y energía. Las auras de estos seres son tan completas y brillantes que los seres humanos les han dado el nombre de alas y halos. Mi querida amiga Doreen Virtue es la mayor experta en el uso de la sabiduría de los ángeles y los maestros ascendidos aplicada al campo de la salud y la transformación espiritual.

La descripción de esta esfera sería una vida sin obstáculos donde ya no existen la pesadumbre ni el juicio, elementos ajenos a esta forma del ser. Los que están en este nivel no tienen características humanoides, se hallan conectados con todo lo que está vivo y son capaces de ofrecer a los demás los mejores atributos de los estados superiores del ser. El reino angélico se conoce también como la dimensión de la felicidad y el éxtasis. En él impera un sentimiento cuya existencia es inconcebible en las esferas inferiores. Es muy tangible y sin embargo está más allá de lo imaginable; se lo ha definido como «alegría divina».

La analogía más cercana podría ser lo que las personas sienten cuando se enamoran. Los enamorados parecen fundirse en un solo ser. Se sienten unidos y les cuesta separarse; se convierten en una entidad que los hace sentir, pensar, actuar y amar como si fuesen uno. No existe disociación alguna entre ellos. En este nivel las almas experimentan esa sensación de unidad; la dualidad no existe, ni tampoco la diferencia entre luz y oscuridad. Hay solamente un elemento, una conciencia.

Es necesario cultivar un amor puro, desinteresado y abnegado, universal y caritativo para acceder a estos niveles. Se trata de un amor que no es parcial, que no busca nada, que existe simplemente en nombre del mismo amor. El flujo espontáneo de amor es el atributo más destacado de los seres que habitan en el reino celestial.

Es el amor que da sin pedir nada a cambio. El universo está compuesto por la energía del amor, y cuando nos dejamos envolver por su ritmo natural, gravitamos hacia la perfección y la trascendencia. Los seres del reino celestial se dan cuenta, hasta cierto punto, de que son uno con el Espíritu y, a pesar de haber alcanzado el camino que conduce hacia el amor, siguen evolucionando y están siempre dispuestos a ofrecer su ayuda a todos aquellos que la pidan.

Capítulo 6

La reencarnación y los recuerdos del alma

T u alma ha ahondado en las dimensiones de muchos mundos, planetas, sistemas estelares, vidas, posiciones, situaciones y experiencias con el propósito de traer conocimiento, percepción y comprensión al mundo del Espíritu. Así como una abeja va de flor en flor para transportar el polen a la colmena, tu alma va de vida en vida para llevar tu experiencia única nuevamente a la Fuente. El viaje del alma siempre es aprender, experimentar, expandirse y evolucionar.

Me suelen preguntar: «¿Cuál es el propósito de mi alma?». La respuesta más sencilla es: amar de forma incondicional. La energía que llamamos «amor» es lo que conforma el mundo del Espíritu, es el ritmo natural del universo. Si todas las almas hubieran evolucionado hasta alcanzar un nivel donde todos amáramos incondicionalmente, tendríamos «el cielo en la Tierra». Pero estamos muy lejos de ello, ¿verdad? El ego, el orgullo o los prejuicios se manifiestan a través del racismo, del nacionalismo, del sexismo y de la homofobia. La idea de «nosotros contra ellos» parece resultar mucho más conveniente que «todos somos iguales».

DEFINIENDO LA REENCARNACIÓN

La reencarnación es un concepto engañoso. Es otra de esas cosas que a nuestros cerebros humanos les resulta difícil asimilar plenamente y comprender cuál es su designio. La reencarnación es el sistema de creencias que la energía del Espíritu elige para manifestarse como un alma en una envoltura humana con el fin de que desarrollemos nuestro conocimiento y sabiduría. Sé que es una mera cuestión de semántica, pero yo prefiero decir que el Espíritu opta por regresar al plano físico en forma de alma. No me gusta la idea de que las almas son individuales mientras están desencarnadas. Si dejas caer una gota de agua en el océano, no cabe duda de que esas moléculas están allí, y además separadas, pero aunque tuvieras mucha suerte difícilmente las encontrarías.

La idea de la reencarnación ha sido la piedra angular de muchos sistemas de creencias y religiones desde el inicio de los tiempos. Sin embargo, las razones y motivaciones que la sustentan pueden variar ligeramente. Por ejemplo, los budistas creen que no existe un alma, un espíritu ni un ser eterno sino únicamente un flujo de conciencia que junta la vida con la vida. Para los hindúes, nos reencarnamos a lo largo de varias vidas para aligerar el karma y la energía kármica retorna una y otra vez al plano físico hasta que se hayan eliminado todas las obligaciones kármicas. Los antiguos judíos creían en la reencarnación o *gilgul*. Este término significa «ciclo» y se menciona en las enseñanzas de la Cábala, el misticismo judío. Los cristianos también creyeron en ella durante muchos siglos. Sin embargo, la reencarnación fue oficialmente declarada una herejía en el Segundo Concilio de Constantinopla y toda mención de ella fue retirada de los textos públicos. Los poderes fácticos no aceptaban que la gente tuviera infinitas oportunidades para aprender porque, de ese modo, la Iglesia ya no sería necesaria para conseguir la salvación.

VIDAS PASADAS

En mi trabajo suelo conocer a personas que insisten en saber «quiénes fueron» en una vida anterior. Yo les comunico que ellas son la suma total de cada una de las experiencias de sus vidas pasadas. Todas las vidas y experiencias vitales por las que el individuo ha pasado y las personas que ha conocido están grabadas en lo más profundo del tejido del alma. El alma es una inmensa red de datos e información. A través de eones de tiempo ha aprendido a expresarse e intenta perfeccionar sus puntos fuertes y reducir los débiles. Entre sus recuerdos hay experiencias, actitudes, conductas, comprensiones, opiniones y acciones que pueden afectar a la encarnación actual.

Tú puedes acceder a esa información, pero ¿es *importante* para ti conocerla? Todo depende de tu motivación. Si lo que deseas es desentrañar un miedo o una fobia que no parece tener origen en tu vida actual, comprender más claramente por qué reaccionas de forma incorrecta en algunas situaciones o embarcarte en una transformación espiritual, estoy a favor de que sepas quién fuiste en vidas anteriores. Pero si se trata simplemente de descubrir si fuiste Cleopatra, no entiendo cuál es el sentido.

Otra pregunta que me formulan con frecuencia es: «¿Cuánto tiempo debo pasar en los reinos espirituales antes de optar por reencarnarme otra vez?». Todo sucede según un orden divino, de manera que no hay ninguna respuesta para esta pregunta. El mundo espiritual es nuestro hogar; en esa dimensión pasamos mucho tiempo evaluando las obligaciones del alma y cumpliendo con ellas. Y durante gran parte del tiempo que nos encontramos «en el medio» también estamos estudiando y preparándonos para nuestra próxima encarnación.

El objetivo último de la reencarnación es traer la conciencia del amor y la comprensión a nuestra existencia cotidiana. El mero hecho de ser humano presenta muchos obstáculos para este objetivo, pero también es verdad que algunas de las vidas que elegimos suponen más desafíos que otras. En ciertas ocasiones estamos a la altura de esos retos y enriquecemos el «tapiz», pero otras veces fracasamos y contribuimos a que el mundo sea un lugar más oscuro.

Cuando el Espíritu elige retornar a la Tierra como un alma en una envoltura física, lo hace a sabiendas de que vivirá diversas experiencias y situaciones que lo ayudarán a utilizar el conocimiento de encarnaciones pasadas y le ofrecerán buenas oportunidades para evolucionar y aprender. Todo es una progresión, y un alma puede intentar perfeccionar una habilidad varias veces, hasta que finalmente se le ofrece la oportunidad de materializarla en su vida actual.

Esto es muy real en lo que atañe a mi habilidad como médium. Sé perfectamente que he trabajado como místico, monje, santo, misionero, sacerdote, mago, etc., a lo largo de muchas vidas con el fin de tomar conciencia de mis percepciones, valorar mi confianza e intuición y perfeccionarlas. Y hoy en día tengo la capacidad de actuar como intermediario entre los mundos encarnados y desencarnados.

GPS PARA EL ALMA

Todas las almas retornan a la encarnación física con un propósito y un plan firmes. Recuerda que el objetivo general es poner amor en todo lo que haces; pero una vez que estás en la Tierra, aquí existe el libre albedrío. La incapacidad de satisfacer los verdaderos deseos de tu alma, y en su lugar sucumbir a tentaciones terrenales que no potencian la vibración energética, es la mayor limitación que puede existir para la velocidad cósmica.

Como seres humanos, nos dejamos engañar por el poder, la amargura, la venganza y la envidia (por nombrar solamente unos pocos), y nuestro camino innato hacia la bondad se convierte en una senda oscura y sinuosa. El *Huffington Post* agregó recientemente una sección espiritual a su página web llamada *GPS for the Soul* (GPS para el alma). Me encanta ese título y sería maravilloso que todos pudiéramos escuchar ese GPS con el cual hemos nacido. En vez de indicar: «A medio kilómetro gire a la izquierda», diría: «Confrontación por delante. Utilice el amor y la comprensión». Sin embargo, cuando nuestro orgullo o nuestro ego han resultado heridos, nuestro mecanismo por defecto es reaccionar de inmediato en lugar de escuchar a ese GPS interior.

El anonimato de los medios sociales se ha convertido en un caldo de cultivo para quienes piensan que pueden ser desagradables o hirientes sin tener que asumir la responsabilidad de sus actos. Te recuerdo una vez más que tus palabras, intenciones y acciones te pertenecen y no hay forma de esconderse de ellas. Hay gotas de sabiduría para ayudarnos en nuestro camino, por ejemplo: «Ofrece la otra mejilla», «Dos errores no constituyen un acierto» o «Ve por el buen camino», pero los consideramos clichés. Son obviedades que nos recuerdan que, independientemente de que alguien de nuestro entorno pueda estar conduciendo sin utilizar el GPS, nosotros no tenemos por qué hacer lo mismo.

«Karma» es un término que se usa para designar un montón de cosas, pero su esencia no siempre se toma en serio. Karma es una energía benigna; la intención que subyace a dicha energía es lo que la convierte en buena o mala. Un alma que retorna al Espíritu analiza la vida humana que acaba de dejar atrás. Así es como aprendemos cuándo o dónde hemos hecho un cambio de rumbo correcto o incorrecto, o hemos dado un giro de ciento ochenta grados. Antes de la próxima encarnación aprovecharemos las mejores oportunidades y situaciones disponibles para ofrecerle al alma el mayor potencial de crecimiento o desarrollo. Desafortunadamente, gran parte de la planificación gira en torno a la limpieza de algunos residuos kármicos. El trabajo se complica si constantemente tenemos que sacar del armario la escoba del karma.

En cierta ocasión vi una pegatina en un parachoques que me llamó la atención –más adelante descubrí que era una cita de Wayne Dyer–. Decía así: «La forma en que la gente te trata es su karma. La forma en que tú reaccionas es el tuyo». Muy cierto. Puedes aprender a evitar las arenas movedizas del karma dando un paso atrás y tomando conciencia de la trampa. Todo forma parte del paquete de tener una vida consciente.

PREGUNTAS SOBRE LA REENCARNACIÓN

He descubierto que el tema de la reencarnación es el único que realmente les interesa a la amplia variedad de alumnos que tengo en todo el mundo. En mis viajes siempre me preguntan por la reencarnación y resulta curioso comprobar que siempre surgen las mismas preguntas en todos los países que visito. De modo que pensé que este podría ser un sitio perfecto para contestarlas.

Ten en cuenta que mis opiniones pueden ser muy diferentes a otras que hayas escuchado o que hayas aceptado en lo más profundo de tu corazón. Si lo que digo te parece adecuado, considéralo como un elemento para la reflexión; si no te convence, detente a pensar en ello por unos instantes y luego sigue adelante con tu propia investigación. Espero que, en cualquiera de los dos casos, logre despertarte un poco de curiosidad.

¿Por qué no recordamos las vidas pasadas?

Cuando un alma se funde con el nuevo recipiente físico que habrá de ocupar, ha de atravesar lo que la tradición mística define como el mar (o el velo) del olvido. Las almas deben llegar a la dimensión física después de haber hecho borrón y cuenta nueva para comenzar otra vez. Si un alma recordara todas las decisiones y situaciones erróneas del pasado, podría llegar a obsesionarse por lo que hizo o dejó de hacer. Si no pudiera dejar de pensar en que ha arruinado vidas y que dichas acciones pueden haber influido en las decisiones que ha tomado en su existencia actual, no sería capaz de concentrarse en las lecciones que tiene que aprender en el presente. Podemos acceder a todos estos recuerdos a través de nuestro subconsciente, pero nuestra mente consciente nos permite centrarnos en esta vida. De no ser así, nuestra cabeza estaría tan llena que no podríamos funcionar. Si consideramos que podría ser útil revisar una vida pasada, podemos utilizar la hipnosis y la meditación para conectar con el subconsciente.

¿Qué es lo que determina que un espíritu vuelva a reencarnarse?

Como puedes imaginar, hay muchos factores que intervienen en la decisión del alma de retornar a la Tierra. Lo ideal es que aproveche una oportunidad que puede reportarle un importante aprendizaje, muchas experiencias y ambientes idóneos para potenciar su óptimo desarrollo. Y esa oportunidad suele ser una combinación de obligaciones kármicas con otras almas, diversos puntos de destino, desafíos o lecciones que el alma debe aprender y, por supuesto, un entorno social, una familia y una situación ideales para cada alma en función de sus habilidades y dones.

¿Con cuánta frecuencia nos reencarnamos?

Recuerda que el alma siempre tiene libre albedrío, puede reencarnarse si así lo desea pero no tiene ninguna obligación de hacerlo. Hay muchas almas que no tienen necesidad de regresar a la Tierra y, sin embargo, vuelven para cooperar con el desarrollo de otras almas. Se trata únicamente de lo que cada una decide. Las almas pueden evolucionar también en el otro lado de la vida, aunque quizás esos desafíos no aceleren tanto su desarrollo como los que afrontaría en el planeta Tierra. He descubierto que, como regla general, las almas que mueren jóvenes (como los niños) suelen regresar más rápidamente y las que han sido longevas en la Tierra tienden a permanecer más tiempo en los estadios intermedios.

¿Sabe un alma cuáles serán sus circunstancias en la Tierra; por ejemplo, adopción, violencia, adicciones o problemas familiares antes de la encarnación?

Sí. Antes de retornar a la Tierra el alma ve por adelantado la vida humana y, por tanto, es muy consciente de todas las oportunidades, retos, posibilidades y opciones que posiblemente afrontará a lo largo de su vida. Sin embargo, una vez que el alma atraviesa el velo del olvido y se funde con el plano físico, el libre albedrío desempeña un papel muy importante en el desarrollo de su vida. El deseo real de tu alma siempre es seguir el camino del amor.

¿Las almas gemelas y los grupos de almas se reencarnan juntos?

Efectivamente, las almas gemelas y los grupos de almas son seres infinitos que te ayudan a aprender las lecciones de la vida. Estas almas mantienen una comunicación constante (independientemente de que estén encarnadas o desencarnadas) y analizan cuál es la mejor encarnación, y la más oportuna, para que todas puedan cumplir con la mayor parte de las lecciones y obligaciones kármicas. Estas almas se reencarnan juntas en múltiples ocasiones.

¿Los espíritus humanos regresan a veces como animales, o a la inversa?

Yo no creía que esto pudiera ser verdad, pero luego caí en la cuenta de que le estaba poniendo límites al alma. El Espíritu está en todas las cosas, y en todas las formas de existencia hay lecciones que debemos aprender. La gente piensa que reencarnarse en el alma de un perro es como bajar un peldaño. Pero si te detienes a pensarlo, es precisamente lo contrario. Por ejemplo, ¿acaso no son los perros la verdadera expresión del amor incondicional?

¿Por qué elegiría un alma reencarnarse en un cuerpo que tiene problemas físicos o mentales?

En realidad, el único objetivo es aprender y tener oportunidades para evolucionar. Acaso el alma esté viviendo una lección kármica que necesita aprender o quizás haya elegido esta situación para enseñar la paciencia, la compasión y el amor a otros integrantes de su grupo.

RECORDANDO VIDAS PASADAS

El doctor Ian Stevenson ha escrito varios libros sobre la reencarnación, en particular sobre el recuerdo espontáneo que tienen los niños de una vida anterior. Yo lo considero un pionero y un genio que no fue reconocido hasta muchos años después de su muerte, ocurrida en 2007. En los niños pequeños, la conexión que el alma tiene con el mundo espiritual es tan reciente y está aún tan fresca que los recuerdos de una encarnación anterior están presentes en su mente consciente. Los niños no disponen todavía del filtro que se forma con el paso de los años por las restricciones sociales; ellos expresan simplemente lo que piensan aunque los demás lo consideren imposible o una locura.

Muchas de las historias que he leído constituyen pruebas muy convincentes de vidas anteriores. Y, francamente, no creo que la experiencia se limite a los niños. ¿Has viajado alguna vez a un sitio donde nunca antes habías estado y, sin embargo, experimentaste una extraña sensación de familiaridad, llegando incluso a reconocer su geografía o sus lugares emblemáticos?

Esto me sucedió cuando tenía veintitantos años. Viajaba en coche de Florida a California con mi amigo John. En el último momento decidimos visitar Nueva Orleans. Lo único que sabía de esta ciudad era que allí se celebraba el Mardi Gras, que era la cuna del *jazz* y que su comida era excelente. Mientras John se dirigía al Barrio Francés comencé a tener una sensación muy extraña en la boca del estómago, la sensación de que *conocía* el lugar. Después de que mi amigo aparcara el coche comenzamos a deambular por la ciudad y le comenté que tenía una inquietante sensación de «familiaridad».

John pensó que había perdido el juicio, y la verdad es que yo también lo pensé (esto sucedió mucho antes de que descubriera mi don psíquico), pero el caso es que reconocía cada calle y cada callejón. Sabía dónde estaban las iglesias y los monumentos y cuáles eran los edificios que estaban conectados por pasajes y túneles subterráneos. En ningún momento tuvimos que utilizar un mapa para orientarnos.

¿Qué estaba pasando? Nunca antes en mi vida había estado físicamente allí pero, evidentemente, mi alma conocía esa ciudad. El hecho de que yo supiera que había vías de escape ocultas y que conociera su localización me hace pensar que seguramente había tenido que utilizarlas en una vida pasada.

A través de mi trabajo suelo conocer a personas que han tenido experiencias similares. Algunas han sentido una atracción irresistible por un tipo particular de alimento o nacionalidad, otras han descubierto que conocían perfectamente los acontecimientos históricos de una determinada cultura o han sentido un vínculo especial con una lengua o región del mundo. El alma siempre «recuerda» y en algunas ocasiones esos recuerdos pasan del subconsciente al consciente.

¿Cuántas veces has sentido una afinidad inmediata con una persona que acabas de conocer? Yo viví una de estas situaciones, otra vez en Nueva Orleans, pero en un viaje posterior que Brian y yo hicimos con un grupo de amigos. En aquella ocasión sentí una afinidad instantánea con uno de los amigos de Brian que no había visto antes. Su nombre era Ken. Más tarde descubrimos que no solo habíamos nacido el mismo día, sino también que a ambos nos fascinaba todo lo relacionado con la Segunda Guerra Mundial, en especial lo referente a los nazis y a los campos de exterminio. Miramos juntos varios documentales sobre el tema y descubrimos que ambos habíamos visitado Dachau. (Se podría pensar que Brian, cuyos abuelos habían emigrado de Alemania, debería tener al menos un somero interés por el tema; sin embargo, no es así). Si piensas que Ken y yo compartimos una vida en la Alemania de la Segunda Guerra Mundial, puedes apostar a que así fue.

También puede ocurrir lo contrario, es decir, que te presenten a una persona y te produzca una inmediata sensación de rechazo o desconfianza y prefieras no tener nada que ver con ella. Es probable que hayas compartido una vida anterior con esa persona y que las circunstancias no hayan sido precisamente amistosas.

He oído muchas historias de gente que ha visto películas históricas, como por ejemplo *Braveheart*, y ha experimentado un intenso impacto emocional, como si estuviera observando una película de su propia vida. Esto fue lo que me sucedió mientras miraba la película *Glory*, en la que se representaban varias batallas de la Guerra Civil. En un determinado momento me vi obligado a abandonar el cine porque tenía la aterradora sensación de que me pondría enfermo si seguía viendo aquella película. Cuando veía una escena donde alguien moría debido a una carga de bayonetas, sentía que todo eso me estaba sucediendo a mí. El doctor Stevenson menciona varios casos en los cuales la marca de nacimiento de una persona se encuentra en el mismo lugar donde fue herida en una vida pasada.

PRODIGIOS, SABIOS Y DOPPELGÄNGERS[*]

Todos hemos oído hablar de los niños prodigio, es decir, niños con habilidades extraordinarias en relación con su edad. Yo creo que un niño que interpreta con virtuosismo una sonata de Beethoven a los tres años demuestra que hay algo más. También estoy fascinado por el síndrome de Savant. Este término se utiliza para describir a quienes tienen algún tipo de problema cognitivo pero, al mismo tiempo, una extraordinaria habilidad en un campo especializado como las matemáticas o la música. ¿Se trata únicamente de un producto de las funciones del cerebro físico, o de la mente subconsciente trabajando abiertamente en tándem con la mente consciente? El doctor Stevenson también ha estudiado niños con xenoglosia. La xenoglosia es un fenómeno por el cual una persona (por lo general hipnotizada) tiene la habilidad de hablar en un idioma extranjero con el que nunca ha tenido contacto en su vida actual.

---

[*] Vocablo alemán para definir el doble fantasmagórico de una persona viva. La palabra proviene de *doppel*, que significa "doble", y *gänger*, traducida como "andante". El término se utiliza para designar a cualquier doble de una persona, comúnmente en referencia al «gemelo malvado» o al fenómeno de la bilocación.

Mi amigo el doctor Brian Weiss es el mayor experto que existe actualmente en el uso de la regresión a vidas pasadas para tratar miedos irracionales, fobias y hábitos (su libro *Many Lives, Many Masters*[24] es un clásico del género). El doctor Weiss considera que existe una relación directa entre las experiencias de vidas pasadas que han quedado sin resolver y las fobias que interfieren en la vida cotidiana actual de sus pacientes. Un miedo irracional a las alturas, al agua, a los sitios cerrados, a la soledad e incluso los temores asociados a una relación amorosa pueden tener su origen en una existencia previa. Cuando se utiliza la hipnosis, la regresión a una vida pasada puede traer a la superficie un recuerdo que médico y paciente pueden analizar con calma para remediar sus efectos dañinos. La memoria del alma se libera así de esa experiencia negativa y propicia la curación en diversos niveles. El doctor Weiss, igual que el doctor Stevenson, es un médico muy prestigioso que pone mucho en juego al contar esta historia y elegir este camino.

En Internet hay páginas web dedicadas a famosos que guardan un curioso parecido con algún personaje del pasado. Mi opinión personal es que no tienen mucha credibilidad porque todo el mundo tiene un álter ego dando vueltas por ahí. No obstante, sí creo que podemos conservar los mismos rasgos a lo largo de todas nuestras vidas, y voy a contar una historia que me parece muy concluyente. Brian es la persona que despertó mi interés por Helen Keller, un personaje que le ha fascinado desde que estaba en cuarto grado (una de sus posesiones más preciadas es una copia autografiada de una foto de Helen que tiene colgada encima de su escritorio).

Recientemente, Brian estaba leyendo su biografía y el libro incluía una fotografía de Samuel Gridley Howe tomada en 1850. El doctor Howe era un médico cuyo interés por ayudar a niños ciegos lo llevó a sembrar las semillas de la Institución Perkins. Allí fue precisamente adonde se dirigió Annie Sullivan cuando viajó de Boston a Alabama para conocer a Helen. Brian había oído hablar del doctor Howe pero no conocía su aspecto físico y, al ver la foto, le pareció que estaba mirándose en un espejo. Si sientes curiosidad por saber cómo es Brian, haz una búsqueda de Samuel Gridley Howe en internet. Son idénticos, salvo por el espantoso corte de pelo de 1850. Algunos dirían que se trata de una mera coincidencia, pero yo afirmo que una *coincidencia* es la forma que tiene Dios de mantenerse en el anonimato.

★★★

¿Recuerdas la genial comedia de 1993 llamada *Atrapado en el tiempo*?[25] Bill Murray interpreta a un arrogante hombre del tiempo que no deja de despertarse cada día a la misma hora para vivir una y otra vez las mismas situaciones. Al principio incurre en una conducta infantil sin tener en cuenta las posibles consecuencias; pero en cuanto pierde interés por esa actitud comienza a cambiar su conducta y se dedica a hacer buenas acciones para ayudar a la gente. Finalmente consigue dar con el día correcto y puede despertarse el 3 de febrero.

Aunque la película no trata de la reencarnación en sí misma, la trama recuerda mucho a ella. Nosotros, como almas que somos, recibimos varias vidas llenas de oportunidades para evolucionar. Vacilamos, nos tropezamos, fracasamos y lo intentamos otra vez, pero estamos aprendiendo todo el tiempo. Y con el amor como punto de referencia, finalmente somos capaces de comprender.

Tercera parte

CÓMO EL ALMA VIVE EN LO FÍSICO

Capítulo 7

Las lecciones del alma

Somos almas y, como tales, seres infinitos con un potencial ilimitado que habitan en un cuerpo físico en la Tierra para aprender lecciones sobre cómo generar amor. Nuestro subconsciente abunda en experiencias que el alma ha vivido en muchas y diversas circunstancias de vidas pasadas y, además, contiene el conocimiento y la sabiduría del mundo espiritual.

Esos remanentes de sabiduría cósmica nos sirven de ayuda para nuestra próxima estancia en el planeta Tierra. El mundo humano es una de las dimensiones más difíciles porque es allí donde la alta vibración de los *conceptos* e *ideas* adopta una forma física para que dichos conocimientos puedan materializarse. Como al nacer no recibimos ningún manual de instrucciones, en algunas ocasiones, no sabemos cómo manifestar esos nobles ideales. Por tanto, cuando retornamos a la Tierra, debemos confiar en que el conocimiento innato del alma, o la intuición, nos indicará cuál es el camino óptimo para aprovechar las oportunidades y afrontar los desafíos humanos. Intentamos aprender estas lecciones con la esperanza de que actúen como señales para que el alma recuerde cuál es su destino final y nos mantenga en el camino correcto.

Las relaciones

En esta escuela llamada vida estudiamos diversas asignaturas que incluyen temas o experiencias en los que nos matriculamos cuando todavía estábamos en el mundo del Espíritu. Antes de encarnarnos elegimos la vida que creemos puede ofrecernos las mejores posibilidades y también los mejores retos para desarrollar nuestra habilidad de practicar la energía del amor. Para la mayoría de las almas, gran parte de su currículo se define por las relaciones que tuvieron durante su estancia en la Tierra. Dichas relaciones representan una ocasión para aprender lecciones valiosas que el alma no podría recibir de ninguna otra forma. Por lo tanto, las *relaciones* son la piedra fundamental del aprendizaje y de la evolución del alma. La Tierra es como una «barra libre» de oportunidades; todo depende del tipo de lección que el alma aspire a perfeccionar.

Grupos de almas

Afortunadamente para nosotros nunca vamos solos al colegio. Además de tener una conexión constante con nuestros tutores y guías, también nos reencarnamos con «grupos de almas». Estos grupos van a interactuar en la Tierra a modo de familiares, amigos y amores.

Todos hemos oído alguna vez el dicho: «Puedes elegir a tus amigos, pero no a tu familia». Bueno, sí y no. Todos nos hemos elegido mutuamente como un elenco esmeradamente seleccionado de personajes en una situación específica. Cada miembro de esta dinámica familiar ha compartido contigo innumerables experiencias de vidas pasadas, desarrollando un patrón de energía complejo que el grupo utiliza con el propósito de aprender y comprender. Si eres capaz (ahora mismo, mientras estás leyendo) de observar con objetividad tu dinámica familiar, esa visión puede desvelar la mayoría de las lecciones que tu alma ha venido a aprender.

Algunas familias se llevan bien y lo más probable es que hayan aprendido las lecciones familiares kármicas del valor y el respeto mutuo. Otras son disfuncionales y sus miembros todavía siguen aprendiendo unos de otros. Estas lecciones familiares no siempre son fáciles de asimilar porque las personas que representan los mayores desafíos en nuestra vida suelen ser nuestros mejores maestros.

Cuando te veas involucrado en situaciones incómodas con alguno de tus parientes más cercanos, no te dejes dominar por las emociones. Recapacita, respira varias veces y comprueba tu GPS interior. El camino que debes seguir no es recurrir a los juicios de valor, a las represalias ni al rencor, sino al amor, al perdón y a la compasión. Y otra cosa, cuando alguno de tus familiares te desafía o provoca, debes tener en cuenta que a lo mejor está obligándote a que te mires en un espejo. ¿Compartes las mismas características con alguien que consigue sacarte de tus casillas?

Creo que como todos estamos realmente conectados como si fuéramos uno, todo lo que te muestran los miembros de tu familia representa lo que debes aprender acerca de ti mismo. Por ejemplo, quizás necesitas aprender a perdonar o a reconocer tus propios méritos. Nuestras familias nos enseñan las lecciones que tenemos que aprender. Ya no tienes más tiempo para evitar, culpar ni prejuzgar. Si estas lecciones no se aprenden, la familia no hace más que dar vueltas en un círculo vicioso de discordia. Se necesita mucha fuerza y perseverancia para que un alma pueda liberar a la familia de esta energía caótica y tóxica, para que todos puedan considerar la situación desde una perspectiva superior, aprender las lecciones y empezar su sanación. Es preciso tener en cuenta que la sanación no solo representa un beneficio para el alma que la está experimentando; también puede ser una oportunidad para curar el desequilibrio y las desavenencias de todas las generaciones del linaje familiar, lo que se traduce en un formidable avance para la familia del alma.

Como todos sabemos, las relaciones afectivas pueden ser las experiencias más intensas y difíciles de nuestra vida pero, al mismo tiempo, las más gratificantes. Y, dado que la energía del amor parece ser la vibración última que busca el alma, las relaciones representan la mejor oportunidad para aprender e indagar. Es muy importante que *aprendamos* a amar correctamente.

Como es evidente, el primer paso para tener relaciones afectivas sanas es aprender a amarse a sí mismo. Si quieres acelerar la estancia de tu alma en el plano terrenal, debes aceptar que eres la representación amorosa del Espíritu.

Todo el mundo comete errores; todo el mundo pierde los nervios; todo el mundo juzga. Sin embargo, si hacemos un esfuerzo consciente y prestamos atención a cómo tratamos a los demás y también a nosotros mismos, la vida se torna mucho más sencilla. Una de mis citas favoritas de Helen

Keller es: «El esfuerzo altruista de animar a los demás es el comienzo de una vida más feliz».

Las relaciones afectivas

Las relaciones íntimas entre dos almas que se atraen y deciden compartir su vida se establecen porque el alma de cada una de ellas tiene un aspecto que su pareja sentimental probablemente necesita aprender. Hablando de mi vida personal, puedo decir que estoy casado con un hombre al que considero una de las almas más dulces y genuinas que jamás he conocido. Es paciente y amable y, durante los veinte años que llevamos juntos, nunca lo he oído hablar mal de nadie. Si en alguna ocasión vuelvo a casa disgustado porque alguien se ha comportado de forma inadecuada, o incluso desagradable, siempre consigue tranquilizarme. Me recuerda que tengo que ver el mundo desde la perspectiva de la otra persona antes de poder comprender cuáles son sus motivaciones.

Y tiene razón. Su libro preferido es *Matar un ruiseñor*[26] (y también la película). Brian cree que el tema general del libro es precisamente que debes ponerte en el lugar de la otra persona antes de poder comprenderla de verdad. Pienso que esa es la razón por la que mucha gente se identifica con esa historia. Nosotros le hemos puesto a uno de nuestros perros el nombre de *Boo Radley*, en honor al icónico personaje incomprendido al que todos juzgaban equivocadamente.

Nuestras parejas nos ayudan realmente a encontrar la verdad que siempre ha estado dentro de nosotros mismos, pero que nunca hemos tenido tiempo de reconocer o expresar. Brian y yo estamos juntos porque yo necesito aprender algunas cosas que él ya sabe: me está ayudando a verlo y entenderlo todo de un modo diferente y sin prejuicios. Por mi parte, yo soy extrovertido y me encanta reír, y estoy enseñando al tímido e introspectivo Brian a disfrutar más de la vida y de las personas. Es realmente una cuestión de puro equilibrio que un miembro de la familia del alma pueda contribuir a la evolución de otro de sus integrantes para crear juntos una vida maravillosa. Es muy fácil reconocer este tipo de vínculo porque, además de compartir lazos familiares, las dos personas se convierten en un solo ser, una sola alma. Lo mejor de ti se encuentra con lo mejor de tu pareja.

La amistad

Las amistades son tan importantes para aprender las lecciones del alma como los vínculos familiares y las relaciones de pareja. De una persona que tiene muchos amigos se dice que tiene la mayor de las riquezas.

A mi amigo Joerdie Fisher le gusta decir: «Tienes un amigo por una determinada razón durante una temporada o para toda la vida». Atraemos las energías que necesitamos y durante el tiempo que las necesitamos. Creo que en el mundo del Espíritu los grupos de almas planifican cómo pueden ayudarse mutuamente en la siguiente encarnación y cuáles son las lecciones valiosas que pueden aportar y compartir. Estas relaciones pueden durar una semana o varios años. A veces se necesitan muchas vidas para tener amigos íntimos. Y la confianza, la honestidad, el respeto y el aprecio se revisan y corrigen una y otra vez hasta que todos consiguen estar en mutua armonía. La amistad es una de las mejores formas de expresar el amor.

La ley de la atracción dice: «Lo semejante se atrae». Si tienes una vida consciente, centrada en el amor y sin prejuicios, atraerás a tu esfera personal a quienes también la tengan. Si irradiamos esa energía, llegarán a nuestra vida todos aquellos que también la poseen; pero si estamos amargados, somos envidiosos y sentimos rencor, no solamente atraeremos al mismo tipo de personas, sino que también rechazaremos a otras que probablemente podrían contribuir mucho más al desarrollo de nuestra alma. ¿A quién desearías tener en tu vida?

Los estudiantes que asisten a mis talleres adquieren una nueva sensación de sí mismos como seres espirituales. Ellos sienten que han cambiado completamente y están más *centrados* en su propia persona, y yo puedo percibir realmente que su vibración se eleva a un nivel superior. Y cuando estos estudiantes, que han alcanzado la iluminación y el **empoderamiento**, vuelven a ver a sus amigos, a sus amores, a veces descubren que ya no sintonizan con ellos. Es muy común que se produzcan cambios de profesión, mudanzas y una nueva valoración de las relaciones afectivas.

En cuanto conocemos las lecciones que necesitamos aprender en nuestra vida y las colocamos en la perspectiva correcta, ganamos un nuevo grado de **concienciación**. Tenemos más control sobre nuestra vida y tomamos mejores decisiones a la hora de relacionarnos con las personas. Somos conscientes de que hay que enfocar la vida desde el amor y no desde el miedo. Comenzamos realmente a vivir el momento presente y comprendemos que tenemos que dejar que nos guíe el *corazón*, morada de la compasión y la comprensión, en vez de la mente, donde se engendran la crítica y los prejuicios. Cuando actuamos con el corazón, somos capaces de ver a las demás almas como productos de sus experiencias vitales y sus decisiones, y resulta más fácil sentir empatía. Al modificar nuestra forma de ser y nuestra perspectiva, cambiamos nuestro sistema de valores y creencias y, en consecuencia, nuestro estilo de vida. Aceleramos nuestra vibración y frecuencia hasta un nivel superior y, al mismo tiempo, quienes nos rodean también empiezan a cambiar. El amor es la vibración más rápida que existe. Cuando tu alma comienza a trabajar en esa frecuencia, no solo cambias tú sino también el ambiente en el que vives y tu entorno social. A medida que se eleva nuestra vibración, TODAS nuestras relaciones se modifican por el mero hecho de que *nosotros* estamos cambiando.

Hay una película de Woody Allen que no es demasiado conocida y que se llama *Otra mujer*.[27] La protagonista, Gena Rowlands, es una profesora de filosofía y escritora que funciona hasta tal punto con el lado izquierdo del cerebro (el lado analítico) que no es consciente de la frialdad con que trata a las personas de su entorno, sin expresar jamás sus emociones. Se siente superior y suele ser sumamente crítica, y además justifica su actitud diciendo que cuando juzga a alguien lo hace por su propio bien. Sus relaciones no son profundas y se siente a gusto manteniendo a la gente a distancia. Esta mujer decide alquilar un tranquilo apartamento para escribir su próximo libro sin que nadie la moleste. Un día descubre que a través del conducto del aire del edificio puede oír los sentimientos sinceros de los pacientes que acuden a la consulta del psiquiatra en el apartamento contiguo. El hecho de escuchar a personas reales expresando emociones auténticas le resulta fascinante y, a medida que aprende a aceptar sus carencias personales, su coraza comienza finalmente a resquebrajarse y se embarca en un viaje para transformar su vida. Considero que la película es brillante.

LECCIONES ESPECÍFICAS DEL ALMA

Sé que mientras lees este capítulo estás intentando descubrir cuáles son las lecciones que tu alma está aprendiendo y preguntándote si existe realmente la posibilidad de conocerlas. Te diré que sí, pero debes dedicar tiempo a encontrar las respuestas. La clave es la introspección, y la manera más sencilla de acceder a ella es a través de la meditación. La intención que subyace a tu meditación te permitirá conocer y aclarar una gran cantidad de deseos.

Si pretendes conocer las lecciones de tu alma, te aconsejo aquietar la mente, respirar profundamente varias veces y utilizar el ojo de tu mente para regresar a una experiencia alegre y positiva de tu infancia. (Recuerda que no es cuestión de ser críticos en nuestras valoraciones, sino meros observadores.)

Cuando vuelvas a revivir esa escena infantil, debes sentirla como si formaras parte de ella otra vez. Ese es tu punto de partida. Vive la experiencia plenamente y siente la felicidad. Ahora comienza a observar tu vida despacio y recórrela año tras año. Toma conciencia de quiénes eran las personas más importantes para ti en las diferentes épocas de tu vida. Presta mucha atención para captar qué personas y qué situaciones te han dejado una intensa huella emocional. Y, finalmente, regresa al momento presente. Al mirar atrás y experimentar tu propia vida, ¿reconoces cuáles son las escenas, situaciones y comportamientos que siguen produciéndose? ¿Eres consciente de que siempre se repiten las mismas experiencias y que tú sueles reaccionar de la misma forma frente a ellas? ¿Crees que las principales personas de tu vida están cortadas por el mismo patrón? Cuando valoras tu vida sinceramente, los temas o escenarios recurrentes representan las lecciones que tu alma ha venido a aprender a la Tierra para que llegues a comprender y accedas a la iluminación.

A lo largo de mi carrera he descubierto que hay varios desafíos que mis estudiantes reconocen como temas que aparecen periódicamente en su vida. He recopilado una lista de los más frecuentes y he incluido la lección del alma que podría corresponder a cada una de esas experiencias vitales. Considero que es increíblemente revelador y útil elegir un reto que te resulte familiar y utilizar la lección correspondiente como un mantra diario.

La abundancia

Lección: concéntrate en lo que haces en vez de en lo que no haces, porque lo que llegará a tu vida dependerá de aquello en lo que te has concentrado. Debes saber que eres un ser ilimitado capaz de materializar cualquiera de tus deseos.

El abuso

Lección: no puedes controlar todo lo que te sucede en tu infancia, pero eres capaz de liberarte de la ira y los sentimientos de traición. El ciclo kármico del abuso es uno de los más poderosos y debes aprender a neutralizarlo mediante la comprensión y el perdón.

La adicción

Lección: el cuerpo humano puede tener una predisposición genética a la adicción. Has elegido esta envoltura humana por un motivo en particular. Debes aprender que la moderación y el equilibrio son las claves para la salud física, emocional, mental y espiritual, y también debes aprender a aceptar la ayuda de los demás.

El cambio

Lección: el alma no puede vivir nuevas aventuras ni aprovechar las oportunidades para evolucionar si se encuentra en un ambiente estancado. Debes saber que estás siempre protegido y a salvo, aun cuando salgas de la zona en la que te encuentras cómodo.

La envidia

Lección: compararte con los demás es una característica aprendida con la que solo conseguirás agotar tu felicidad innata. Valórate y ámate porque nunca sabes realmente cuáles son los obstáculos personales a los que se enfrentan los demás.

El fracaso

Lección: los errores son la mejor forma de comprender tus puntos débiles y fuertes, pero solo serán fructíferos si los reconoces y los interpretas como una oportunidad para aprender y no como una derrota.

La familia

Lección: tus compañeros del alma han aceptado acompañarte en tu viaje actual. Están aquí para apoyarte y ayudarte a aprender. Si crees que esto se parece más a un desafío, analiza objetivamente tu dinámica familiar y haz las paces con quien puedas.

El miedo

Lección: tu prioridad en esta vida es conectarte con la energía del amor de la Fuente. El miedo, con sus variados disfraces, está aquí para ponerte a prueba. Si te rindes ante él, solo conseguirás limitarte a ti mismo y tu camino será más difícil. Debes saber que el miedo es una ilusión, y también un timador, pero existen recursos que pueden ayudarte a resistir.

El perdón

Lección: la capacidad de perdonar incondicionalmente es la herramienta más rica de tu alma. Liberar la energía negativa que ha caído sobre ti por el libre albedrío de otra persona te permite desembarazarte del estrés emocional e interrumpir un poderoso ciclo kármico.

El duelo

Lección: el hecho de haber recibido algo de lo que luego te han privado representa una oportunidad para apreciar que lo has tenido. Nada se va para siempre, la pérdida es un instrumento de aprendizaje muy valioso pero no debes olvidar que es solamente temporal.

La culpa

Lección: esta emoción es uno de los disfraces más taimados del miedo porque, por lo general, es autoimpuesta. Perdonarte a ti mismo (y disculparte, si fuera necesario) es la kriptonita para la culpa.

La salud

Lección: la necesidad de nutrirte correctamente y prestar atención a tu salud física es una prioridad si deseas que tu alma sea productiva en la Tierra. Una salud física, emocional o mental desequilibrada supone un reto para el desarrollo espiritual.

El juicio

Lección: todo lo que ves está hecho de la energía del Espíritu. Cuando juzgas algo, te estás juzgando a ti mismo. Cualquier persona y acontecimiento que encuentres en tu camino están allí por alguna razón; aprende a no etiquetarlos como *buenos* o *malos*. Simplemente *son*.

Las relaciones

Lección: las almas con las que elegimos tener una relación íntima son nuestros mejores maestros. Sujetan un espejo frente a nosotros y nos hacen saber de qué carecemos. Tu alma atrae a tu esfera personal a aquellas almas que son las que más pueden enseñarte.

La autoestima

Lección: el camino que tu alma ha elegido no está exento de obstáculos que pueden minar tu confianza y tu valor. Debes aprender que cualquier sentimiento de inferioridad es una mera ilusión y que estás aquí para superar los impedimentos y conseguir todo lo que deseas.

✫✫✫

A veces el mundo puede parecer un sitio muy solitario. Es importante recordar que nunca estamos solos. En nuestro camino podemos encontrar personas (e incluso animales) si simplemente apartamos los ojos de nuestros móviles y ordenadores portátiles y miramos a nuestro alrededor.

Tu familia del alma en la Tierra está contigo; tu conexión con todo lo que ves es constante. Aunque estés solo en una habitación, el amor que recibes del Espíritu puede llegar a ser apabullante si te abres a él. Hay un número finito de seres humanos en este planeta y tú eres uno de ellos. Eres especial. Estás aquí por una razón.

Capítulo 8

Las elecciones del alma

E l alma siempre tiene libre albedrío. Tiene la opción de expandirse y crecer en el Espíritu o de fundirse con el plano físico. Cuando expresa su libre albedrío en la Tierra, puede cambiar el curso de su propia vida humana, de las vidas de quienes la rodean o incluso de todo el planeta.

Nuestras decisiones son una gran responsabilidad porque incluso la más pequeña de nuestras acciones en esta vida puede tener repercusiones para muchas personas. De modo que el alma no solamente debe responsabilizarse de que su desarrollo sea óptimo, sino también de la influencia que ejerce en todo lo que existe (otros seres humanos, los animales, el medio ambiente y la naturaleza). Un alma debe alinearse con su verdad interior y hacer un esfuerzo consciente cada día para desarrollarse plenamente, y esto requiere práctica.

Algunas personas que han llegado a este nivel de conciencia tienen más habilidad que otras para realizar este cometido, pero nadie es perfecto. Cuando la evolución de tu alma alcance esta dimensión de la conciencia, habrá llegado el momento de explorar el camino del autodescubrimiento. A lo largo de dicho camino pronto llegarás a comprender que el estado actual de tus relaciones afectivas se creó sobre la base de decisiones tomadas en el pasado. Y es en ese momento crucial cuando adviertes que, a pesar de que el libre albedrío de los demás puede haberte afectado, tú eres completamente responsable de tu *yo* actual.

AMOR FRENTE A MIEDO

Los seres humanos necesitan entender que la vida se compone de una sucesión de iniciativas; en lo cotidiano tomamos decisiones a cada minuto. Algunas son mundanas y otras sustanciales, pero todas contribuyen a diseñar nuestro mundo. Y la manera más fácil de tomar una decisión es preguntarte en primer lugar si está basada en el miedo o en el amor.

Cuando hablo de este tema en mis talleres, la gente me mira como si hubiera perdido el juicio. Parece algo tan simple que enseguida intentan racionalizar motivos y excusas para no aceptar la premisa de que todas las decisiones importantes de nuestra vida se pueden asociar a estas dos motivaciones. La mayoría de las personas analizan exageradamente las decisiones importantes y hacen gráficos o listas donde apuntan los pros y los contras; y no hay nada malo en ello. Otras hacen justamente lo contrario y lo dejan todo al azar o esperan «hasta que las cosas caigan por su propio peso».

Como vivimos en un mundo caótico, esta puede ser una buena forma de gestionar las decisiones. Estamos rodeados de una violencia desmedida, falta de respeto por la vida, incertidumbre económica, degradación del medio ambiente y niveles increíbles de pobreza. Tenemos que recordarnos constantemente que, si bien no somos capaces de controlar el mundo y sus problemas, sí podemos controlar nuestro micromundo y nuestras elecciones. Tomar decisiones consistentes basadas en el amor nos permite albergar la esperanza de perfeccionar nuestra vida y, además, contribuir a la creación de un mundo mejor.

Una colega muy respetada, Marianne Williamson, afirma: «El amor es innato y el miedo es algo que hemos aprendido aquí». Esto no podría ser más real. El amor es la naturaleza del alma y el miedo es ajeno a ella. Así que imagínate lo que sería expresarte y vivir tu vida a través de una emoción que ni siquiera es inherente a su composición natural. Es como ir en una canoa remando constantemente contra la corriente en vez de dejarse ir con el flujo del amor, que es la energía natural del universo.

Evaluando tus opciones

Uno de los ejercicios que suelo utilizar en mis talleres para ayudar a mis alumnos a valorar esta verdad es pedirles que revisen las principales decisiones que han tomado para llegar a este momento específico de su vida:

- ¿Fueron decisiones tomadas por mandato familiar?
- ¿Estaban basadas en el temor a que los demás te juzgaran?
- ¿Tomaste esa decisión pensando exclusivamente en los beneficios económicos que podría reportarte?
- ¿La tomaste porque deseabas conseguir el amor o la aceptación de ambos?

- ¿O tal vez respondía a lo que, en lo más profundo de tu corazón, sentías que era correcto para ti y te haría feliz?

Luego les pido que repasen cada una de las decisiones más importantes de su vida, que analicen los motivos en los que se basaron y que recuerden el resultado final. La mayoría de mis alumnos descubre que las decisiones que dieron lugar a los resultados más positivos fueron las que tomaron dejándose guiar por el corazón, y no por la cabeza. No te estoy recomendando que tomes una decisión precipitada sin un análisis previo de la situación, pero debo decir que nunca estaremos realmente contentos ni satisfechos si dejamos que el miedo controle nuestras motivaciones.

Incluso cuando intentas definir una opción de vida basada en el amor, las posibilidades pueden parecer abrumadoras; es fácil caer en la confusión y perder el control, lo que puede llevarte a imponer condiciones antes de tomar una decisión. Por ejemplo, supongamos que te ofrecen el trabajo de tus sueños (ese que representa todo lo que siempre has deseado) pero, si te decides a aceptarlo, tendrás que mudarte a una ciudad extranjera. ¿Qué pensarías? ¿Te dirías que vivir en un país extraño, aprender un nuevo idioma, conocer una cultura diferente y alejarte de tu familia y amigos pesa más que la perspectiva de tener un trabajo que te haga sentir más creativo y feliz?

No existe una respuesta correcta o incorrecta para todo el mundo, pero sí existe una respuesta correcta o incorrecta para *ti*. Solo tú sabes lo que te haría realmente feliz y la decisión será más sencilla si «escuchas a tu corazón». Si tomas decisiones basándote plenamente en el amor y en lo que es adecuado para ti, será «pan comido». Pero si las tomas impulsado por el miedo, o basándote en las expectativas de otra persona, es muy probable que nades a contracorriente tratando de alcanzar un ideal que realmente nunca ha sido tu objetivo.

La verdadera naturaleza del alma es el amor, y jamás nos sentiremos a gusto ni en paz si nos apartamos de esa motivación. Las elecciones basadas en el miedo nos dejan a la deriva, sin metas, en una búsqueda constante del deseo de nuestro corazón pero sin encontrarlo jamás. El simbolismo de la escena final de *El Mago de Oz* con Dorothy y Glinda es inconfundible. Dorothy se percata de que siempre ha tenido la habilidad de tomar decisiones correctas, nadie podría tomarlas en su lugar. Después de reconocer el poder de su pensamiento, de escuchar a su corazón y armarse de coraje para utilizar estos recursos, su toma de conciencia la conduce por un tortuoso camino y, tras superar varios retos, es capaz finalmente de volver a su hogar, a la energía del amor.

ESCUCHAR LA VOZ DE TU ALMA

Las decisiones siempre tienen consecuencias. Tenemos que aceptar que la realización de nuestros deseos puede crear situaciones que nunca hubiéramos podido imaginar. Cuando nos inclinamos por una opción en particular guiados por el amor, a veces el universo pone a prueba nuestro compromiso con la decisión que hemos tomado.

Probablemente descubras que cada elección puede desencadenar acontecimientos imprevistos que te inducen a cuestionarla y empiezas a cavilar: «¿Y qué habría pasado si hubiera hecho esto? ¿Y si hubiera hecho aquello? Quizás nada de esto habría sucedido». Se crea así un ambiente en el que impera el pánico y donde se pone a prueba tu compromiso con el camino que has elegido. Ese compromiso puede estar asociado a cualquier cosa: la salud, la abundancia, las relaciones afectivas... Debes confiar en tu intuición, es el saber de tu alma.

El hecho de esforzarte conscientemente para que tus decisiones se basen en el amor trae aparejado un mayor grado de libertad. Ya no existen dudas ni cuestionamientos. Como es natural, siempre hay circunstancias o acontecimientos respecto de los cuales no puedes hacer absolutamente nada. Las demás almas tienen libre albedrío y tú no tienes ninguna posibilidad de controlarlo. Ya sabes, la *vida acontece*. No obstante, si estás atento a tus acciones y tomas conciencia de que tu poder se halla en el momento presente, obtendrás de la vida mucho más que la mera existencia. Aprenderás a no dar por hecho ningún acontecimiento, percibirás rápidamente que son los pequeños detalles de la vida los que nos proporcionan verdadera alegría y felicidad. Los escollos menores que antes considerabas sustanciales, e incluso dramáticos, ya no te parecerán tan importantes. Es probable que en ciertos momentos te cuestiones y analices exageradamente la situación pero, si sigues siendo fiel a ti mismo y mantienes tu intención, comenzarás finalmente a trascender hacia un estado de «paz interior». La voz de tu alma será cada vez más clara.

Así es como el alma pretende sobrevivir en este mundo. Es completamente viable practicar la atención consciente en todos los aspectos de tu vida, ya sea en tu casa, en el trabajo o en tus relaciones. Tú eres un ser energético y cuando vibras con la energía del amor estás sincronizado con tu verdadera esencia.

Se dice que Miguel Ángel afirmó haber visto a David en el bloque de mármol y que luego lo esculpió con el fin de liberarlo. Nosotros también podemos esculpirnos a nosotros mismos para deshacernos de todo aquello que *no somos*. Ese es nuestro desafío, despojarnos de todas las expectativas y exigencias de la dimensión física para que se revele nuestro verdadero ser. Somos seres de amor que honramos y reconocemos nuestra verdadera misión.

La intuición es tu guía para tomar las decisiones correctas en tu vida. Si algo no te parece conveniente, no lo es. Algunas señales físicas pueden servirte de ayuda. La piel de gallina, las corazonadas y la pesadumbre son manifestaciones físicas de tu voz interior. Mientras desarrollaba mi intuición hace ya muchos años, aprendí a prestar mucha atención a lo que siente mi cuerpo porque sé que siempre me avisa de lo que es beneficioso para mí y lo que no lo es. Cuando experimentes este tipo de manifestaciones físicas, intenta observarlas, reconocerlas y recordarlas, pues eso es lo que quieres sentir ante cada una de las decisiones, situaciones y acontecimientos que se presenten en tu camino. Constituyen el GPS de tu alma y, si estás atento, te indicará cuáles son los rumbos correctos.

SIEMPRE HAY UNA OPCIÓN

Las opciones son expresiones creativas de nuestra alma. Ante cualquier circunstancia que se presente, disponemos de libre albedrío para potenciarla o, por el contrario, dar un giro de ciento ochenta grados.

AVENTURAS DEL ALMA

Si te enfrentas a una situación que te irrita y no consigues controlarte, lo único que lograrás es potenciar la cólera. Si estás lleno de resentimiento, es innegable que afectará a tu comportamiento. Si le echas combustible a una emoción, solo lograrás fomentarla. Cuantas más personas tomen la decisión consciente de ser alegres y cariñosas, más energía positiva se extenderá por el mundo. Disponte a practicar los pensamientos positivos y a neutralizar los negativos.

Cada vez que me enfrento a una experiencia que supone un desafío, lo primero que siento es que soy capaz de restarle importancia a la situación. Yo puedo controlar mis propias acciones pero no puedo controlar las de los demás. La Oración de la Serenidad es una herramienta muy útil:

Dios, concédeme la serenidad para aceptar las cosas que no puedo cambiar, el coraje para modificar las cosas que sí puedo cambiar y la sabiduría para reconocer la diferencia.

Cuando recuerdo estas palabras, siento que mi mente se calma y que en ella no hay espacio para la ira ni para las emociones más bajas. Observo la situación desde un punto de vista objetivo y me pregunto: «¿Qué está aprendiendo mi alma de todo esto?». Como es evidente, no se trata de algo que haya adquirido fácilmente. Tuve que practicar a diario esta forma de pensar y me he habituado a convertirla en un juego.

Por ejemplo, supongamos que acabo de hacer un viaje agotador en avión de diez horas de duración y que los empleados de la recepción del hotel donde me he registrado no son muy eficientes ni muy amables. Entonces empieza el juego. ¿Cómo *elijo* reaccionar? Podría enfadarme, despotricar, chillar y pedir hablar con el director, y el resultado sería que los empleados, el director, yo y también cualquier persona inocente que pasara por allí, terminaríamos disgustados y de mal humor. Además, tendría que convivir con la energía que he creado. Por otra parte, también tendría que ser consciente de que la energía que he generado podría tener un efecto dominó. Los empleados y el director podrían utilizar mi energía negativa con otro cliente o empleado, o incluso con algún familiar. Y yo sería la causa de todo eso, simplemente por la forma de reaccionar que he elegido.

La opción contraria sería esperar hasta que ellos se aclararan, limitarme a sonreír y comunicarles amablemente que estoy muy agotado por el viaje y que no veo el momento de irme a la cama. Podría preguntarles su nombre con el fin de establecer una relación más personal con ellos y crear así una energía positiva que luego retornaría a mí. Esto es mucho más fácil que promover la discordia y tener que vivir con ella.

He estado practicando este aspecto de la atención consciente durante años y puedo decir que ahora me siento mucho más satisfecho de mis decisiones. No siempre alcanzo la perfección, pero hago un esfuerzo consciente por hacerlo lo mejor posible. Sé perfectamente que mis reacciones tienen consecuencias y que debo hacerme cargo de ellas. Sin embargo, preferiría hacerme cargo de cosas bellas.

★★★

La piedra angular del sistema de creencias de cualquier persona debería ser elegir una vida consciente. Si crees que la forma en que trabaja el universo no te motiva a ser una buena persona, acaso tengas que volver a analizar tu sistema de creencias porque es evidente que algo no está funcionando bien. Después de practicar la atención consciente durante algún tiempo, comprendes que lo importante es lo que realmente *eres* y no lo que pretendes hacer. Es como aprender un nuevo idioma o a tocar un instrumento; las decisiones conscientes se funden con las opciones naturales. La positividad atrae cosas positivas y la negatividad, cosas negativas. Si te ocupas de tu salud, la conservarás; si piensas en la abundancia, la atraerás.

Estás conectado con todo lo que existe, y el poder creativo del universo *está en ti*, nunca te sientas separado de él. Tú tienes la opción de decidir cómo quieres vivir en el presente. No estás determinado por tu pasado ni por nada de lo que te haya sucedido. Sin esas experiencias no serías quien eres en la actualidad. A veces no puedes alcanzar lo que está frente a ti porque no estás dispuesto a desprenderte de lo que hay detrás de ti.

Capítulo 9

Una vida rica en alma

Existe un proverbio (supuestamente de los indios cherokee) que me encanta. Dice así: «Al nacer lloraste y el mundo se alegró. Vive tu vida de modo que al morir el mundo llore y tú te alegres».

Todos tenemos el poder de hacer que este mundo sea un lugar un poco mejor que el que conocemos. Algunas personas lo hacen a gran escala, otras lo consiguen por el mero hecho de ser amables, compasivas y sentir empatía, o por seguir la regla de oro: trata a los demás como te gustaría que te trataran a ti. Parece una idea muy sencilla; sin embargo, está fuera del alcance de muchas personas.

La humanidad utiliza el movimiento de la Tierra para definir el tiempo: una rotación completa sobre su eje es un día; una órbita completa alrededor del Sol constituye un año. En nuestro mundo tridimensional el tiempo es un instrumento necesario y las horas, minutos y segundos pasan tan rápido que desaparecen antes de que nos demos cuenta y jamás vuelven a repetirse.

Si de vez en cuando puedes abandonar la acción y hacer una pausa para tomar conciencia del espacio y de las personas que te rodean, así como de los hechos que tienen lugar en tu vida, llegará un día en que al mirar atrás te darás cuenta de que tu alma ha apreciado y agradecido cada uno de los momentos vividos a lo largo del viaje. Este es el paso inicial para disfrutar de una vida «rica en alma».

Una de las señales que indican que estás en el camino de tu alma (y que tu vida no está basada en el miedo) es que todo fluya *fácilmente*. Entonces comprendes que te encuentras en el camino correcto porque la vida está llena de coincidencias y sincronicidades en vez de obstrucciones y atascos. Con el paso de los años esto ha demostrado ser completamente cierto en mi vida y a menudo se manifiesta de las formas más extrañas. Cuando me ocurre algo semejante, siento que me estoy moviendo al ritmo del coro cósmico y sé que, si realmente hago caso a mi intuición, no me dominará el miedo ni ninguno de sus numerosos subordinados.

VIVIR EL MOMENTO

Acabo de volver a casa después de pasar un fin de semana en Zúrich (Suiza), donde mi alma se sintió plenamente realizada. Mientras yo estaba viviendo el momento presente, el universo estaba desentrañando un plan que, según percibí más tarde, había puesto en marcha mucho tiempo atrás. Contar la historia con las palabras que usan los mortales no me permite expresar la felicidad y el gozo infinitos que sentí cuando ese plan se hizo realidad.

Había querido conocer Suiza desde que era solo un niño, aunque ignoro por qué me atrae tanto ese país. A pesar de que durante los últimos treinta años he viajado con mucha frecuencia, desgraciadamente Suiza nunca estuvo en mi agenda. Un amigo me llamó en cierta ocasión por teléfono para decirme que un grupo de personas estaba organizando un evento que se anunciaba como el Congreso Internacional de Médiums, en Zúrich, y quería preguntarme si estaba interesado en asistir. Huelga decir que me apunté de inmediato. Tuve el gran honor de ser uno de los principales conferenciantes del sábado por la noche y además me pidieron que diera un taller de un día de duración el lunes siguiente. Tomé un vuelo de doce horas que partía un jueves y llegaba a Zúrich el viernes por la mañana. Durante el vuelo mi corazón cantaba de alegría y en lo más profundo de mi alma supe que esto superaba con creces lo que era *conveniente* para mí. Estaba a punto de cumplir un deseo que mi alma albergaba desde hacía mucho tiempo.

Llegué a Suiza muy pronto por la mañana tras aquel viaje tan largo en el que solo conseguí dormir unas seis horas. Sin embargo, estaba tan emocionado que me sentía como un niño a punto de abrir sus regalos de Navidad. He visitado muchas ciudades del mundo donde, con cierta aprensión, sentí que ya había estado allí en una vida anterior. En ciudades tan bellas como París, Estambul y San Petersburgo descubrí que la existencia humana que mi alma había vivido en esas localidades había tenido un final desdichado. Pero no fue eso lo que sucedió en Zúrich. Esta ciudad me pareció un sitio luminoso y alegre en el que me sentí muy a gusto desde el primer momento.

Los organizadores me hospedaron en el Baurau au Lac, uno de los hoteles más elegantes y lujosos en que he tenido el inmenso placer de alojarme. Los empleados, el servicio, las habitaciones, todo parecía de otro mundo. Después de registrarme y dejar mi equipaje en la habitación, salí a dar un paseo. Una frase se repetía sin cesar en mi cabeza mientras caminaba: «¡Atención a las señales!». Sabía que mis guías no se referían a las señales de tráfico, sino que me estaban advirtiendo que estuviera atento a las señales del Espíritu.

Brian ya no viaja conmigo tanto como antes porque tenemos dos perros. Como es evidente, podríamos encontrar alguien completamente fiable que los cuidara y los perros estarían muy bien. Pero el problema es de Brian. No le gusta separarse mucho tiempo de ellos, digamos... unas cuatro horas. Esta situación me permite el lujo de invitar a otras almas amigas, nuevas y antiguas, a los viajes que hago debido a mi trabajo. A principios de aquel año había dado una clase de mediumnidad en Dublín donde había conocido a una mujer encantadora llamada Antoinette Byrne. Supe de inmediato que nos haríamos amigos y decidí invitarla a venir conmigo a Zúrich.

No estaba demasiado seguro de a qué hora tenía que encontrarme con Antoinette en su hotel; creía recordar que habíamos quedado a primera hora de la noche. Volví de la excursión alrededor de las siete de la tarde y decidí dar un paseo hasta su hotel para salir a cenar juntos. El recepcionista me comunicó que todavía no se había registrado. Me pareció extraño porque estaba convencido de que ya debería haber llegado. Me senté en las escaleras que había delante del hotel y tomé mi teléfono móvil para llamarla. Sin embargo, un taxi se detuvo en la puerta del hotel justo antes de empezar a marcar su número telefónico, y allí estaba Antoinette muy sonriente. Nos abrazamos larga y silenciosamente, y sentí como si el mundo se hubiera detenido por un instante para acusar recibo del vínculo afectivo entre dos amigos. Sin necesidad de verbalizarlo, ambos nos percatamos de que nuestras almas habían entrado en una especie de vórtice encantado y tuvimos la sensación de que nuestro encuentro había sido orquestado por los reinos espirituales.

En cuanto Antoinette se registró en el hotel salimos a dar un paseo por la ciudad. Durante mi excursión vespertina había localizado un restaurante que parecía un sitio muy agradable, de modo que nos dirigimos hacia allí cruzando un puente mientras un grupo de gansos nadaba debajo de él. Fue como estar en un cuento de hadas.

Mientras mirábamos la carta del restaurante, Antoinette me dijo:

—Como sabes, soy vegetariana.

Me sentí fatal, ni siquiera se me había ocurrido preguntárselo pero, afortunadamente, el camarero había escuchado lo que hablábamos y se acercó a la mesa con una carta vegetariana. El restaurante estaba especializado en este tipo de cocina.

Pasamos la siguiente mañana tratando de localizar el sitio donde se iba a celebrar el evento sobre mediumnidad y conocimos a algunos de los médiums que harían público su trabajo durante el fin de semana. Todas las personas que conocimos parecían igualmente entusiasmadas y emocionadas de estar allí.

Antoinette y yo decidimos regresar a mi hotel pero nos perdimos. Cada vez que creíamos haber encontrado el camino, girábamos por una calle que no conseguíamos re-conocer. Llegamos a estar tan desorientados que la situación terminó por ser graciosa y no pudimos menos que echarnos a reír. Un hombre de pelo blanco y ojos azules, impecable-mente vestido, pasó junto a nosotros mientras nos reíamos y Antoinette le preguntó si podía ayudarnos. Le dijo en qué hotel nos hospedábamos y él respondió:

—Os llevaré hasta allí, será más sencillo.

Pero antes de acompañarnos hasta el hotel hicimos un pequeño recorrido por esa zona de la ciudad y se aseguró de indicarnos cuáles eran las calles principales. Nada más llegar al hotel se apresuró a bajar del coche para abrirnos la puerta.

Cuando se marchó, Antoinette y yo nos miramos y ex-clamamos al mismo tiempo:

—Era un ángel.

No hubiera podido encontrar otra forma de describirlo. Era perfecto.

Al entrar en mi habitación vimos un jarrón con dos do-cenas de rosas rojas y una nota que decía: «Gracias por venir a Suiza». No obstante, no había ningún nombre en la tarjeta.

Miré a Antoinette, que se había dejado caer en una silla y estaba pálida.

—¿Estás bien? –le pregunté.

—Rosas. ¿Acaso no recuerdas las rosas?

Tuvo que recordarme que durante la clase que yo había dado en Dublín, la difunta madre de Antoinette se había ma-nifestado a través de uno de los alumnos para trasmitir este mensaje: «Yo soy quien te regala rosas rojas». En ese momen-to no comprendimos lo que quería decir, ¡pero ahora cobra-ba sentido! La madre de Antoinette había fallecido cuando aún era joven y ella había tenido que criar a diez hermanos. Esta era la forma que su madre había encontrado para regresar a la dimensión terrenal y agradecérselo a su hija.

Aquel fin de semana estuvo lleno de sorpresas y placeres inesperados. Un día tuvimos la idea de comprar sales de baño para disfrutar de las bañeras del hotel, pero estábamos en un país católico y todo estaba cerrado porque era domingo.

Sin embargo, al dar la vuelta una esquina nos topamos con una tienda de artículos de baño... ¡abierta! Las manifestaciones se producían hora tras hora.

En un determinado momento Antoinette se giró hacia mí y me preguntó:

—¿Qué es lo que está pasando? ¿Acaso eres un alquimista?

Me eché a reír al escuchar su ocurrencia y le contesté:

—Supongo que es así como suceden las cosas.

Los días que pasé en Suiza me hicieron reflexionar sobre la diferencia que existe entre el sino, el destino, o algo híbrido que implica una predeterminación, y las energías subconscientes y conscientes de la persona. Creo que ese fin de semana estuvo predestinado y que tuvimos plena libertad para crear situaciones agradables o desagradables, pero hubo un ingrediente adicional que no fui capaz de descubrir. Estoy convencido de que los momentos compartidos fueron tan especiales porque ambos nos entregamos dócilmente al entusiasmo y a la alegría.

Toma dos espíritus similares, añade una pizca de destino, cúbrelo con entusiasmo y alegría, no albergues ninguna expectativa y conseguirás magia. Aquello fue pura alquimia. Pero ¿cuál había sido ese misterioso ingrediente que no pude definir? Llegué a la conclusión de que tanto Antoinette como yo teníamos vidas ricas en alma. Entonces, decidí analizar el concepto.

TOMAR CONCIENCIA

Una vida rica en alma significa ser consciente de que siempre estás conectado con la Fuente y confiar en que los acontecimientos de tu vida se desarrollan según un orden divino. En todo momento tienes libertad para elegir pero también estás sincronizado con tu intuición, la voz de tu alma, razón por la cual tu libre albedrío siempre toma las mejores decisiones.

Únicamente podemos ser libres para hacer planes cuando empezamos a programar nuestros pensamientos y nuestras vidas recurriendo al poder de nuestra alma, o intuición, en vez de hacer caso a la mente crítica. Ni siquiera tienes que pensar en ello, simplemente debes estar vivo y tomar conciencia. La verdadera sabiduría procede del alma y no del cerebro. Cuando nos desconectamos del alma y dejamos que el ego asuma el poder, es como si banalizáramos lo que realmente somos.

Pero cuando te dejas guiar por el alma, el júbilo supera a la negatividad, la abundancia a las estrecheces y la paz al caos. Entonces eres *tú* quien puede producir una transformación para atraer las circunstancias, relaciones y situaciones perfectas que te permitirán expandirte y evolucionar.

El primer paso de una vida rica en alma es *ser consciente.* Un mundo nuevo se abre ante ti cuando llegas a tomar conciencia del mundo físico que te rodea y de tu capacidad para modificarlo gracias al poder que adquieres al aceptar conscientemente tu vínculo con el Espíritu. Esto puede facilitar que comprendas mejor tus motivaciones y las de todas las personas que interpretan un papel en la vida emocional de tu alma. Pero ¿por dónde debe empezar alguien que está determinado a llevar una vida rica en alma? He estado practicando algunas técnicas y quiero compartirlas contigo.

SENTARSE EN SILENCIO

Empieza cada día dedicando unos minutos —un periodo de tiempo específico— a sentarte en silencio; para ser más preciso, debes hacerlo *antes* de comenzar el día. Sentarte en silencio acaso sea uno de los mejores regalos que puedes hacerte. La diferencia con la meditación reside en que a través de ella pretendemos aquietar los pensamientos, mientras que el ejercicio que te propongo está más orientado a un objetivo y consiste en procesos mentales conscientes. Sentarte en silencio te permite empezar a conectarte con tus pensamientos y con lo que sientes en relación contigo mismo en ese momento en particular. Toma conciencia de lo que traerá el nuevo día. Imagina lo que podría ocurrir y de qué forma te gustaría reaccionar. Observa tus pensamientos. ¿Son negativos o positivos? Cuando tienes estos pensamientos, ¿dónde se originan?

También puedes considerar la posibilidad de sentarte frente a un espejo y mirar tu rostro mientras permaneces en silencio. Lo que ves es lo que muestras al mundo. ¿Y qué es lo que ves? ¿Eres consciente de que tus expresiones pueden ser afables y acogedoras o, por el contrario, reflejar ansiedad o cautela?

Comienza a prestar atención a tu cuerpo. Haz una exploración mental; tu cuerpo siempre habla contigo y te comunica lo que está sucediendo. Hay personas que dicen: «Hace un tiempo que me duele esta parte de mi cuerpo», pero si les preguntas cuánto tiempo hace que sienten ese dolor, responden que no lo saben. ¿Es posible que sea verdad? En cuanto comiences a familiarizarte con las sutilezas de tu cuerpo también serás más consciente de cuál es el papel que desempeñan las emociones en tu estado físico; no tengo ninguna duda de que pueden producir una respuesta física frente a determinados acontecimientos o cuando estamos en compañía de ciertas personas. Descubre formas alternativas de gestionar tus encuentros para eliminar esa energía.

A medida que somos más conscientes de nuestro cuerpo, también lo somos de los diversos patrones de conducta que nos autoimponemos. ¿Cómo reaccionamos ante ciertas circunstancias? ¿Tenemos patrones mentales de conducta? Comprender nuestras emociones, así como también las situaciones o personas que las producen, puede ayudarnos a transformar nuestras respuestas, y esto se traduce en la capacidad de tomar mejores decisiones en nuestra vida. Cuando comenzamos a observarnos de este modo, abrimos la puerta a la autoconciencia en muchos niveles diferentes. Si comenzamos a ser sinceros con nosotros mismos, con nuestros sentimientos y reacciones, podemos llegar a ser conscientes de cuál es el nivel de nuestras expectativas. ¿Son realistas las expectativas que tienes para ti mismo y los demás?

Por ser un personaje público tengo que lidiar con este asunto y creo que *mis expectativas respecto a los demás* es un tema reiterativo en mi vida contra el que lucho diariamente. A menudo presumo que los demás se comportarán igual que yo. Pero ya sabes lo que sucede cuando das algo por sentado: tú quedas en ridículo, y también los demás.[28] Pasé muchas noches insomne, tuve confrontaciones innecesarias y también algunas crisis personales antes de aceptar que todos funcionamos de diferente manera. Si me involucro en alguna situación con otra persona teniendo pleno conocimiento de ello, puedo tomarme el tiempo necesario para descubrir si vamos a congeniar. Es imposible llevarse bien con todo el mundo, y esto no supone ningún problema, pero necesito decidir si quiero que esa persona entre en mi vida. No se trata de que sea una buena o mala persona, sino de que sea buena o mala para mí en ese momento en particular. Antes, mis expectativas consistían en llevarme bien con todo el mundo, algo que es totalmente irreal. Ahora procuro ser sincero conmigo mismo y prestar atención a los consejos de mi alma; entonces me concedo permiso para tomar decisiones que sean acertadas para mí y que, a su vez, me ayuden a sostener una vida rica en alma, más emocionante y atractiva.

La gente es cada vez más feliz y tiene más armonía y paz consigo misma y con todos los que componen su círculo personal, a medida que comienza a ser más consciente de su alma, a conocerse y a presentarse ante el mundo exterior de una forma auténtica. No todas las personas que conoces te gustan y tampoco puedes caerles bien a todo el mundo. Es algo estadísticamente imposible. De manera que no te preocupes, no te sientas culpable ni permitas que eso te cree inseguridad. Si el hecho de cambiar esas estadísticas es importante para tu vida personal o tu profesión, puedes tomar medidas para conseguirlo.

La gente positiva y feliz atrae a personas positivas y felices. Haz un esfuerzo consciente y presta atención a los pensamientos y la energía que das a los demás. Es muy fácil que te dejes llevar por las circunstancias negativas que hay en tu vida, pero también puedes programarte para que cada vez que tienes un pensamiento negativo seas capaz de cambiarlo por otro positivo.

Reclamar tu alegría

En la vida espiritual es esencial ser alegre. Cuando doy mis seminarios, el humor y la alegría son una parte vital de mi auténtico ser. Mi actitud confunde a algunas personas que creen que hablar con los muertos debe ser un asunto serio y sombrío. No puedo estar más en desacuerdo. ¡Es un acontecimiento gozoso y feliz! Nos permite confirmar que los seres queridos que «se han ido» no se han marchado de verdad y que los vínculos afectivos nunca mueren. ¿Qué podría haber de triste en ello?

La alegría es el estado natural de nuestro ser, pero nos enredamos por el hecho de vivir en esta dimensión física limitada. Lo natural y normal es que nuestras vidas sean plenas y felices. Deberíamos comprender que todo lo que necesitamos para ser felices está dentro de nosotros, solo tenemos que aprender a encontrarlo. Es la razón más importante por la que el Espíritu se encarna pero, desafortunadamente, no lo aprendemos de nuestros padres ni en la escuela, ni tampoco en la mayoría de las iglesias.

He aquí algunas sugerencias que pueden ayudarte a recuperar la alegría.

Define tu intención

Tener una intención clara y positiva para cada día de tu vida es la manera más fácil de elevar tu vibración. Asegúrate de que tu intención es clara pero no te sientas culpable si no la exteriorizas. Haz lo mismo que hace un saltador de pértiga cuando falla en su intento de superar la barra: quítate el polvo de encima y prueba otra vez. Tu intención puede ser general (por ejemplo: «Hoy quiero ser menos prejuicioso») o específica (como sucede cuando estás preocupado por algún conflicto o pendiente de tomar una decisión). Intenta visualizar que el resultado es un final feliz.

Sé firme

Debes disfrutar diariamente de la alegría, de modo que asegúrate de atenerte firmemente a tu intención una vez que la hayas definido. No dejes que los demás te influyan ni te digan cuál es el camino correcto. Los consejos están muy bien pero la decisión es tuya, y eres tú quien debe vivir con las consecuencias. Siempre es mejor volver a valorar una decisión para comprobar que la has tomado basándote en el amor y no en el miedo. Esta vida es muy corta para no ser feliz; limítate a expresar únicamente lo que tú crees que te reportará alegría.

Juega todos los días

Todas las mañanas después de pasear a los perros, uno de ellos, *Boo*, corre a buscar su pelota para jugar. Es un ritual diario que me ha enseñado muchas cosas. Los asuntos importantes de la vida nos requieren tanto tiempo que nos olvidamos de que son las pequeñas cosas las que realmente nos dan alegría. Independientemente de cuáles sean tus entretenimientos (leer, hacer crucigramas, compartir tu tiempo con los amigos), debes dedicar algunos momentos del día a ser feliz. Si no lo eres, las personas que te rodean y te quieren lo perciben y tampoco pueden ser felices. Si alimentas tu alma, ella se mantiene sana.

Valora tu ser actual

Conéctate contigo mismo varias veces al día para comprobar cómo te encuentras. Observa objetivamente tus emociones actuales y descubre si hay alguna persona o situación que te está creando ansiedad. ¿Cuál es el mejor remedio para tu inquietud? Tienes el poder para exteriorizar el resultado que más te satisfaga y también el poder para cambiar el recorrido. El resultado de toda acción es siempre una consecuencia, y tú tienes la capacidad de generar la consecuencia más alegre posible.

Sé agradecido

Intenta fomentar una actitud de agradecimiento. Pon toda tu intención en no dar prioridad a lo que te falta y, por el contrario, agradece todo lo que tienes. La vida siempre presenta desafíos y debes verlos como experiencias que sirven para aprender, crecer y, finalmente, alcanzar el éxito en vez de considerarlos obstáculos. La tristeza, el duelo y el dolor son herramientas físicas que el alma puede utilizar como un trampolín para alcanzar la iluminación.

Aférrate a los pensamientos felices

Nosotros somos humanos y tenemos pensamientos humanos que pueden estar caracterizados por la crítica y el prejuicio. Haz un intento por cortar esos pensamientos de raíz y sustitúyelos por otros que sean positivos. Los pensamientos negativos perjudican a la persona a quien van dirigidos, pero también te hacen daño a ti. Cuando te sientas inclinado a criticar, visualiza de inmediato algo que te da alegría, o te hace reír, y utiliza estas emociones para reconsiderar tu reflexión. Recuerda que el amor es la energía natural de tu alma; fluye con él en vez de combatirlo.

Cuida tu cuerpo

Así como un buceador comprueba su equipo y se ocupa de mantenerlo en condiciones para poder disfrutar debajo del agua, nosotros debemos cuidar y mantener nuestro receptáculo terrenal. El alma no puede dar vueltas por allí para aprender sus lecciones si no somos conscientes de las necesidades de nuestra envoltura humana. Intenta alimentarte con productos sanos, descansar lo suficiente y hacer ejercicio a diario. Yo salgo a andar o correr todos los días y la música me ayuda a que el tiempo pase. La lista de reproducción que escucho mientras hago ejercicio contiene canciones con letras positivas que levantan el ánimo. Trato de nutrir mi subconsciente con palabras alegres de una forma muy similar a lo que hace Robert Monroe mediante su método de «aprender mientras dormimos».

Crea tu sistema de creencias

No existe un modo correcto o incorrecto de encontrar tu camino hacia la alegría y el amor. Todos somos diferentes y, por consiguiente, las creencias que guían nuestro viaje son necesariamente distintas. En el mundo hay mucha sabiduría espiritual y tú, seguramente, te identificas con algunas ideas o conceptos y rechazas otros Acepta las ideas que te hacen mejor persona y te permiten tratar a los demás con bondad y respeto. Cada día de tu vida llegan a tu camino nuevas percepciones y comprensiones; debes estar dispuesto a acogerlas en tu corazón si te parecen adecuadas para ti, o devolverlas al universo si no lo son.

Abandona todo lo que te pese o estorbe

De vez en cuando es preciso hacer una limpieza general en nuestra vida. Examina tu vida para detectar cuáles son las personas, situaciones y limitaciones que te impiden disfrutar de la alegría. Si se trata de una situación, analízala objetivamente y concibe un recorrido para llevarla a un sitio más feliz. Si es una persona, acaso debas conversar con ella sobre los obstáculos que generan conflictos en vuestra relación. Estás aquí en la Tierra para vibrar con la energía del amor y si algo, o alguien, consigue mermar esa energía, es imprescindible descubrir qué o quién es.

✶✶✶

Cuando tu vida humana llega a su fin y el cordón de plata se corta, la energía del Espíritu (a la que llamamos alma) retorna a su hogar natural. Ese hogar es una dimensión de energía que nuestro cerebro humano puede definir únicamente como amor, pero el *amor* es mucho más de lo que somos capaces de comprender aquí abajo, en la dimensión física. El alma repasa su estancia en la Tierra para analizar sus decisiones, acciones y pensamientos con objetividad y sin prejuicios. Esto se conoce como revisión de la vida. Sentirá pesar por las propias oportunidades perdidas y también el dolor de aquellos a quienes haya hecho daño, pero además sentirá el amor que ha dado y la bondad con que ha tratado a los demás. Durante la revisión de la vida, el alma advierte que cuando estaba en la Tierra tenía un objetivo fundamental: amar. Sin embargo, siempre hay retos que se interponen en el camino y, si hacemos un esfuerzo consciente por escuchar la voz del alma en su viaje por el plano físico, seguramente tendremos muchos motivos para sentirnos orgullosos.

Hay una película maravillosa del año 1991 llamada *El cielo próximamente*.[29] Albert Brooks interpreta a un tío normal que después de morir se dirige a la Ciudad del Juicio. Allí conoce a otra recién llegada, interpretada por Meryl Streep. Ella es dulce y amable y se puede decir que ha tenido una vida consciente. La revisión de su vida (que en la película toma la forma de un juicio) se centra únicamente en cuatro días de su existencia humana, un periodo muy breve para los valores normales de la Ciudad del Juicio. Por el contrario, el personaje de Albert, que ha tenido una vida caracterizada por el miedo y la inseguridad, tiene que revisar nueve días de su existencia, lo cual no es un buen resultado. La película es divertida y dulce, y sorprendentemente sabia.

Ahora mismo, tú tienes el poder de realizar un esfuerzo consciente por transformar tu vida para que rebose de amor y alegría. Tienes la capacidad de utilizar las herramientas que has aprendido en este libro, o en cualquier otro sitio, para conseguir que la revisión de tu vida se parezca más a la de Meryl que a la de Albert. Tu alma lo anhela para ti; tus seres queridos lo anhelan para ti y, por supuesto, tu Espíritu también lo anhela para ti. Con toda seguridad tendrás que afrontar desafíos, pero la experiencia será mucho más tranquila si los consideras como metas que tú mismo deseas alcanzar en vez de pensar que han llegado a tu vida para hacerte infeliz.

Espero que la lectura de este libro haya iluminado el viaje de tu alma en la Tierra y que te haya inspirado para que busques conscientemente tu camino hacia el amor. He creado algunas meditaciones guiadas que te ayudarán en tu viaje interior.

Todos transitamos nuestro camino personal de ladrillos amarillos. Algunos todavía están durmiendo en el campo de amapolas; otros se sienten satisfechos con los placeres materiales de Ciudad Esmeralda; hay quienes todavía piensan que el mago es grande y poderoso y siguen sus órdenes arbitrarias para ganarse sus favores; y también están los que han visto la humanidad desde detrás del telón y se han desilusionado. Y luego estamos los demás que, en cuanto aceptamos que el deseo de nuestro corazón está en nuestro patio de atrás (en nuestro interior), nos acercamos cada vez más a casa. ¡Y no hay mejor sitio que el propio hogar!

Epílogo

Mientras consideraba cuál era la mejor forma de concluir este libro, de pronto me di cuenta de que la respuesta había estado en todo momento enfrente de mis narices. Hace un tiempo estaba limpiando el garaje y encontré la antigua copia enmarcada del poema «Desiderata» que me había regalado mi amigo John, con el cual viajé por primera vez a Nueva Orleans hace ya muchos años. Ahora la he colgado en mi despacho y sigue siendo una fuente de inspiración.

En aquella época no estaba muy claro quién era su verdadero autor; muchos afirmaban que el poema era anónimo y que lo habían dejado en la iglesia de San Pablo de Baltimore en 1692. En realidad, fue escrito en la década de 1920 por Max Ehrmann y posteriormente incluido en la bibliografía que hizo circular el rector de la iglesia de San Pablo, construida en 1692. De allí la confusión.

Parece ser que todos los que vivimos en la década de los setenta teníamos este cartel colgado en la pared. También fue una canción muy popular en aquella época. Acabo de publicarlo en mi página de Facebook y he recibido más «Me gusta» que para cualquier otra de mis publicaciones. Muchas personas comentaron que jamás habían oído hablar del poema o que no habían sabido nada de él durante años.

Su título se ha traducido como «Cosas que se desean» y Max Ehrmann, que era abogado, lo escribió con el propósito de conciliar sus retos profesionales con sus anhelos espirituales. El poema habla del mismo tema que este libro: todos somos seres espirituales que debemos superar desafíos terrenales y hacer todo lo posible para mantenernos en el camino correcto.

Con amor,
James

DESIDERATA

Camina plácidamente entre el ruido y el bullicio y recuerda la paz que puede haber en el silencio.

En lo posible, sin renunciar a ti mismo, procura estar en armonía con los demás.

Expresa tu verdad tranquila y claramente y escucha a los demás, pues incluso los torpes e ignorantes tienen su propia historia.

Evita las personas ruidosas y agresivas que constituyen una vejación para el espíritu.

Si te comparas con otros, puedes volverte vanidoso o amargado porque siempre habrá alguien que sea inferior o superior a ti.

Disfruta de tus logros y tus proyectos. Conserva el interés por tu trabajo, por muy humilde que sea; es algo que siempre te pertenecerá a pesar de las vicisitudes de la vida.

Sé precavido en tus negocios porque en el mundo abunda el engaño.

Pero no dejes que la cautela te impida ver dónde está la virtud, pues hay muchas personas que luchan por alcanzar ideales elevados y en todas partes la vida está llena de heroísmo.

Sé tú mismo. En especial, no finjas afecto ni seas cínico en el amor porque, frente a la aridez y al desencanto, es tan perenne como la hierba.

Acepta de buen grado el consejo de los años, renunciando con dignidad a los dones de la juventud.

Fortalece tu espíritu para que te proteja de desgracias repentinas pero no te preocupes por temores imaginarios.

Muchos miedos son producto del cansancio y de la soledad.

Por encima de toda disciplina saludable, sé benévolo contigo mismo.

Tú eres una criatura del universo, tanto como los árboles y los planetas, y tienes derecho a estar aquí.

Y lo entiendas o no, no hay duda de que el universo se desarrolla tal como debe hacerlo.

Por lo tanto, procura estar en paz con Dios, más allá de la forma en que lo concibes.

Y cualesquiera sean tus tareas y tus aspiraciones, procura estar en paz con tu alma en el desorden bullicioso de la vida.

A pesar de sus falsedades, sus tareas ingratas y los sueños rotos, sigue siendo un mundo hermoso.

Así es que alégrate. Lucha por ser feliz.

Viajes del alma
Meditaciones guiadas

Mi misión en la vida es enseñar a los demás qué significa estar atento, tomar conciencia y descubrir la voz del alma en nuestro interior. En todos los sitios del mundo que visito siempre animo a la gente a comenzar el viaje a través de la meditación. Meditar requiere práctica.

El propósito de la meditación

La meditación es el arte de enfocar y tranquilizar la mente. La gente medita por diversas razones. Se ha demostrado que esta práctica reduce la tensión sanguínea, aumenta la memoria, consigue paliar la depresión y la ansiedad, y produce una sensación general de estar a gusto con uno mismo y con el mundo. Muchos recurren a la meditación en algún momento de su vida pero solo un pequeño porcentaje continúa practicándola con el paso del tiempo. Los motivos son muchos y variados: la impaciencia, el hecho de no tener tiempo suficiente para dedicárselo, demasiadas intrusiones o expectativas inalcanzables.

Algunas personas rechazan automáticamente la palabra «meditación» porque las remite a las religiones orientales o a una tontería propia del movimiento *New Age*. Mi madre se habría reído en mi cara si le hubiera dicho que recitar el rosario era una meditación; también puede serlo leer un libro, escuchar música o soñar despierto. Cada vez que tu mente se relaja y se pierde entre tus pensamientos, estás meditando. ¿Cuántas veces te has dado cuenta repentinamente de que te has pasado de tu salida en la autopista? ¿Cuántas veces has estado mirando una película y luego has tenido que rebobinarla porque tu mente estaba en otra parte? ¿Cuántas veces has tenido que volver a leer el capítulo de un libro porque no te has enterado de nada?

Todos estos son ejemplos de meditaciones espontáneas en las que caemos fácilmente y sin esfuerzo; sin embargo, cuando nos sentamos con la intención de meditar acuden a nuestra mente todo tipo de pensamientos, un partido de fútbol, la lista de la compra o cualquier otra de nuestras obligaciones. Es aquí donde entra en juego la práctica.

La meditación ha existido desde el inicio del pensamiento. Hay investigadores que dicen tener pruebas de que en ciertas cuevas de Francia y España hay pinturas que datan del 14000 a. de C. que representan personas meditando. Desde los antiguos sabios hasta los gurús modernos de todas partes del mundo nos han transmitido que la meditación tiene poderes curativos: psicológicos, físicos, emocionales y espirituales.

¿Por dónde hay que empezar? Lo primero que debes hacer es analizar tu objetivo. ¿Qué es lo que esperas conseguir de la meditación? Conozco a personas que dicen ser ateas y sin embargo meditan porque les reporta beneficios físicos; otras lo hacen por motivos exclusivamente espirituales. Todo el mundo puede sacar provecho de la meditación, pero es importante que sepas cuáles son tus propósitos y que tengas claro qué es lo que esperas conseguir.

Para mí, la meditación es una puerta de entrada al alma. Tras varios años de práctica puedo alcanzar el estado meditativo concentrándome en un tema y una pregunta en particular. Cuando termino de meditar, tengo una respuesta y una sensación de paz —la paz que le he pedido a mi alma (y que es el mejor camino que puedo tomar)— y la confirmación de que mi petición ha sido concedida. He creado y adaptado varias meditaciones y afirmaciones para este libro, que te servirán de ayuda en tu proceso de autodescubrimiento en tu camino hacia el amor.

PRELIMINARES PARA LA MEDITACIÓN

Después de definir tu intención y antes de comenzar a meditar o de iniciar tu viaje interior, deberías elegir cuidadosamente el espacio que vas a utilizar. Lo ideal es disponer de un lugar que se use exclusivamente para este fin. Esto no solo permite que la intención se cree con arreglo a ese sitio en concreto, sino también que la energía meditativa se acumule con el paso del tiempo. Por otra parte, al entrar en ese espacio tienes de inmediato la certeza de que estás en un ambiente destinado únicamente a este propósito y, de alguna manera, esto facilita la tarea. Si no es viable contar con un espacio exclusivo para meditar, elige un lugar tranquilo y silencioso donde tengas las menores distracciones posibles y te encuentres a gusto. Es preferible que sea una habitación de tu propia casa, o incluso un lugar en el jardín que no se utilice nada más que para hacer trabajos de sanación.

Te interesa limitar al máximo las distracciones exteriores, como el teléfono, la televisión o la radio. Asimismo, es fundamental que el espacio esté limpio y ordenado. Recuerda que cualquier sitio en el que te encuentres afecta a tu mente, de modo que debe resultarte agradable. Tu mente se alegra cuando tú observas un espacio bello y sientes que formas parte de él, y en ese estado de júbilo se muestra más propensa a profundizar en tu descubrimiento interior.

Aunque se puede meditar en cualquier momento del día, creo que dedicar una hora determinada a la meditación puede mejorar la práctica y ayudarte a preparar tu mente. Así podrás elegir una hora del día en la que las distracciones o interrupciones serán menos probables, además de enfatizar el respeto que te merece el proceso.

Creo que también es importante que empieces a meditar con el convencimiento de que se trata de un viaje personal. Aunque desees ayudar a otros o compartir la experiencia, tienes que ser muy cuidadoso a la hora de invitar a otra persona a entrar en tu espacio; puede suponer una distracción y, por otra parte, su presencia puede mermar la energía meditativa que has creado.

Una vez que hayas elegido el sitio para meditar y estés seguro de que nadie va a molestarte, siéntate en una posición cómoda con la espalda recta para que tu energía fluya libremente por todo tu cuerpo. Lo primero que tienes que hacer es tomar conciencia de tu respiración. Enfocar tu atención en cada inhalación y exhalación puede ser muy relajante, tal como lo es escuchar el tictac de un reloj o un metrónomo. Respira normalmente por la nariz, no muy lenta ni profundamente pero tampoco de un modo superficial. No retengas la respiración, pero haz una pausa después de cada exhalación antes de volver a inhalar.

Concéntrate en tu respiración y toma conciencia de que tu mente se aclara y tu ritmo cardíaco disminuye. Tú decides si quieres cerrar los ojos o mantenerlos abiertos, pero si meditas con los ojos abiertos, debes fijar tu mirada en algo que te procure placer. Algunas personas tienen un altar o una imagen favorita, como por ejemplo un mandala. Existen otras opciones, como quemar incienso o escuchar una música suave, que son muy personales. Quizás tengas que aislarte de los ruidos ambientales como el tráfico o los vecinos. Usa ropa cómoda que no limite tus movimientos y bebe suficiente agua para no tener sed durante la meditación, aunque no demasiada cantidad para evitar tener que interrumpirla para ir al servicio.

Deja que tu mente se relaje y se eche a volar. Es bastante común que irrumpan todo tipo de pensamientos en tu conciencia como, por ejemplo, que debes ir al tinte a retirar la ropa o que tienes que terminar el documento que estás escribiendo. Limítate a aceptar el pensamiento y luego déjalo ir. No es más que un pequeño berrinche de tu mente consciente, que intenta atraer tu atención y recordarte que tienes obligaciones. Envía a tu mente consciente al rincón de tiempo muerto y dile que no tiene de qué preocuparse porque pronto estarás de vuelta. Tu mente consciente obtiene mucho más que una parte equitativa del despertar de tu conciencia. No solo comprenderá por qué la dejas a un lado, también aprenderá a disfrutar de esos momentos.

He creado algunas meditaciones para que te inicies en esta práctica. Puedes leerlas antes de comenzar a meditar o grabarlas en tu móvil, o en una grabadora, para reproducirlas durante la meditación.

El santuario de tu alma

Imagina que estás sentado en una silla de oro con un cojín de terciopelo rojo. Estás a solas en una habitación de esplendorosa belleza y la suave luz del sol brilla a través de la ventana. El fuego arde en la chimenea y calienta la estancia. Las paredes de piedra parecen relucir y apenas puedes ver el cielo raso cuando miras hacia arriba. Hay varios cuadros al óleo de grandes proporciones y al observarlos reconoces lugares que son muy significativos para ti.

Deambulas por la habitación mirando detenidamente cada cuadro. ¿Qué es lo que sientes frente a cada una de esas pinturas? Trata de evocar un momento alegre que haya ocurrido en cada uno de esos lugares. Las paredes de la habitación están llenas de estantes con fotografías en las que apareces. Obsérvalas de cerca para determinar qué edad tienes y quién está contigo. Cada una de ellas es muy importante para ti y te hace sentir feliz.

Las estanterías también contienen momentos entrañables de tu vida. Toma una fotografía y piensa en la importancia que esa escena tuvo en tu vida. Los recuerdos inundan tu mente mientras coges cada una de las fotos. En los anaqueles hay libros encuadernados en piel. Mira lentamente los títulos de los libros: son las diferentes lecciones que tu alma ha decidido aprender. Dedica unos instantes a reflexionar sobre cómo estás poniendo en práctica cada lección.

Elige uno de los libros y llévalo contigo a tu silla de oro. Ábrelo y mira las fotos que hay en cada página. ¿Cuántos años tienes y con quién estás? ¿Qué historia te cuentan estas fotos? ¿Qué estás aprendiendo de esa historia? No juzgas absolutamente nada, solo te limitas a observar y evaluar.

Si consideras que has entendido el mensaje que te transmite el libro, ciérralo con cuidado y acércatelo al pecho. Ahora mira a tu alrededor para asimilar todo lo que hay en la habitación. Siente el amor que te está brindando. A la habitación le encanta que estés aquí. No hay ninguna prisa, puedes quedarte todo el tiempo que quieras. Este es tu hogar.

Cuando sientas que ha llegado el momento de marcharte, respira profundamente varias veces y, a continuación, visualiza con el ojo de tu mente que tu espacio de meditación está de nuevo en el mundo humano y que tú estás allí. Traslada todo el amor que sientes en este santuario al sitio donde meditas. Presta atención al estado de tu conciencia en ese espacio meditativo. Por último, respira varias veces profundamente y abre los ojos muy despacio.

Curar tu alma

Imagina que estás paseando por un sendero bordeado de árboles. Es un hermoso día soleado y se puede oler el aire fresco. Cuanto más aire inhalas, más cerca estás del final del sendero. Allí hay una pérgola cubierta de enredaderas y flores y una oquedad que te hace señas, te llama. Todo lo que hay tras ella parece ser más brillante y puedes oír los cantos de los pájaros a lo lejos. Cuando pases por debajo de la pérgola, detente un instante y toma conciencia de que tus próximos pasos te llevarán a la dimensión del Espíritu. Sigue andando mientras sientes en el rostro la tibieza de un sol tan claro y brillante que el prado que hay frente a ti parece relucir. Los árboles son tan frondosos y tan altos que es casi imposible ver dónde terminan las copas. Pájaros de todas clases y tamaños vuelan y se llaman mutuamente. Observa con detenimiento tu jardín para percibir todo lo que hay en él. Las colinas ondulantes de este paisaje desaparecen junto al horizonte y todo tipo de animales retozan a la sombra de los árboles. En el momento de tu llegada se abren flores de múltiples colores y las mariposas se echan a volar.

Mira a tu alrededor para absorber todo lo que estás viendo y deja que tu conciencia se expanda cuanto sea posible. Todo lo que ves es perfecto; todo lo que percibes está en paz. Te llama la atención un arroyo que brilla bajo la luz del sol, sus aguas fluyen suavemente hacia una cascada que te invita a bañarte. Mientras disfrutas bajo las cálidas aguas, un arco iris surge justo enfrente de ti. El agua comienza a adoptar cada uno de los colores del arco iris y sientes que te estás limpiando y quitando de encima la energía del mundo humano.

Permanece bajo la cascada hasta que sientas que es tan ligera como el aire. En realidad, estás flotando pero sin perder el control. Asciendes sin esfuerzo hacia la parte superior de la cascada y te encuentras con el árbol más hermoso que hayas visto jamás. Te deslizas fácilmente por el aire hacia él y adviertes que ese árbol es tu alma. Ese árbol eres tú. Sabes instintivamente que las cuatro ramas principales representan tus diferentes partes: física, emocional, mental y espiritual.

Eres libre para flotar entre las ramas y mirar si hay algo que no esté en buen estado. Pregúntale al árbol si hay algo que no va bien, él te lo dirá. Si alguna de las ramas te pide ayuda, abrázala con el fin de infundirle amor. Percibe el viento llevándose las hojas viejas y observa las pequeñas hojas verdes que acaban de brotar.

El árbol te pide que te sientes entre las ramas y tú te sientes pleno. El árbol rebosa salud y su copa se llena de flores gracias a tu amor. La gratitud del árbol te llena de alegría el corazón y aceptas que siempre estarás abierto a la sanación. Siempre estaréis juntos.

Mientras estás sentado sobre la rama, disfrutas de la pureza y luminosidad de la cascada —incluso puedes ver a través de tus manos mientras las mantienes en alto—. Cierra los ojos y respira profundamente para percibir el aroma fresco y delicioso de los árboles y acaricia esas hojas sanas que has creado. Visualízate en tu espacio de meditación e infunde a tu cuerpo toda la energía, alegría y gratitud que has sentido en el transcurso del viaje. Respira profundamente y deja que tu conciencia vuelva a tu cuerpo físico. Cuando estés preparado, abre lentamente los ojos.

Agradecer a tu familia del alma

Imagina que estás caminando por una calle de adoquines. No hay nadie a la vista y no tienes la menor idea del sitio ni de la década en que te encuentras, pero te sientes a gusto y relajado, y sabes que eres bienvenido. Acaba de amanecer y la mañana promete ser hermosa.

Delante de ti, la calle termina en un parque público con una enorme fuente. Mientras la observas, admiras el excelente acabado de la obra. Las figuras de piedra que adornan la fuente representan a las personas que has conocido en tu vida actual. Todos parecen alegres y felices, y miran en dirección a la figura central, que está en un nivel superior. La estatua que te representa tiene los brazos en alto y se ríe. El vapor del agua de la fuente te acaricia ligeramente el rostro mientras miras esa representación de ti mismo, y no puedes menos que sonreír.

De pronto oyes un ruido detrás de ti y adviertes que acaba de abrir sus puertas lo que parece ser el teatro del pueblo. Decides entrar. El vestíbulo del teatro está muy adornado, y la luz que pasa por los prismas de las joyas y gemas que cuelgan de las paredes se refleja en tu cara. La única puerta que hay en el vestíbulo parecer invitarte a atravesarla.

Allí dentro está oscuro pero consigues ver que hay una silla frente al escenario, que está iluminado y tiene un telón de color morado. El telón se abre mientras te acomodas en tu asiento, pero el escenario está vacío. Te das cuenta instintivamente de que lo que se espera de ti es que invites a subir al escenario a una de las personas importantes de tu vida. Tú eliges con quién quieres hablar: tu madre, tu padre, tu marido o tu esposa, o quien tú elijas. Puede ser alguien que esté vivo o que se encuentre en el reino del Espíritu. Tienes la sensación de que todas las personas con las que te gustaría hablar están esperando entre bambalinas y estarán encantadas de verte. Todos los que han pasado por tu vida quieren ayudarte a comprender por qué habéis estado juntos en el plano físico. Cualquiera de ellos está deseando conversar contigo y animarte.

En cuanto decidas quién es la persona con la que más te apetece hablar, ella aparecerá en el escenario. Todos están muy felices de verte. Aguardan tus preguntas y tienen las respuestas. Cualquier cosa que digan cobrará mucho sentido para ti; tú entiendes sus motivaciones y puedes sentir su amor. Ninguna de las preguntas que hagas quedará sin respuesta. Tu corazón se siente muy ligero cuando llega a comprender el viaje físico que habéis hecho juntos. Entonces, os agradecéis mutuamente las lecciones que habéis compartido.

Tienes la oportunidad de pedir que alguien más salga al escenario u optar por aplazar tu próximo encuentro para la siguiente visita al teatro. Cuando el último de tus seres queridos abandona la escena, te ves a ti mismo en el centro del escenario. Estás en tu espacio de meditación y sonríes. Llena ese espacio con todo aquello que las conversaciones con tus seres queridos te han permitido comprender. Respira profundamente y visualiza tu conciencia regresando a tu ser físico en tu espacio de meditación. A medida que cae el telón, cierra los ojos y siente otra vez tu cuerpo. Respira una vez más y abre los ojos suave y lentamente.

Notas

1. *Hablando con el Cielo*, Editorial Atlántida, 1998.
2. N. de la T.: serie de televisión estadounidense cuya protagonista puede comunicarse con los espíritus de los muertos. En España se conoce como *Entre fantasmas*.
3. N. de la T.: serie de televisión estdounidense estrenada en 2005 que se emitió durante siete temporadas.
4. Título en España, *Ghost, el fantasma del amor*.
5. Debbie Ford (1 de octubre de 1955-17 de febrero de 2013), escritora, consejera espiritual, maestra y conferenciante.
6. *El efecto de la sombra*, Editorial Obelisco, 2009.
7. N. de la T.: en 1975, Gary Dahl creó el concepto de «Piedra Mascota». Este producto (una piedra dentro de una caja de cartón) fue un éxito de ventas durante seis meses, durante los cuales se vendieron un millón y medio de mascotas.
8. Título original: *The Miracle Worker*.
9. *Sobre la muerte y los moribundos*, Editorial Grijalbo Mondadori, Barcelona, 1975.
10. *La vida después de la vida*, Editorial Edaf, 2009.
11. *Evidencias del más allá: pruebas de la existencia de otra vida después de la muerte*, Editorial Edaf, 2011.
12. N. de la T.: Jeffrey Long, oncólogo radioterapeuta de Houma, Louisiana, estudió durante más de diez años las experiencias cercanas a la muerte y creó la Fundación de Investigación de

las Experiencias Cercanas a la Muerte (NDERF, por sus siglas en inglés), con la mayor base de datos de este tipo de experiencias en todo el mundo. Su libro se convirtió rápidamente en un best-seller.

13. *La prueba del cielo*, Editorial Planeta, 2013.

14. *Apariciones*, Editorial Paidós, Barcelona.

15. *Viajes fuera del cuerpo*, Editorial Palmyra, 2008.

16. Publicado en España con el título *DMT: la molécula del espíritu*.

17. N. de la T.: *As You Like It* es una obra cómica escrita por el dramaturgo inglés hacia 1599.

18. *Los buscadores de luz*, Editorial Diagonal, 2011.

19. *Coraje*, Editorial Aguilar, 2012.

20. *Lo que sé de mí*, Plaza & Janés, Barcelona, 1984.

21. *Breve historia de los que ya no están*, Emecé Editores, 2006.

22. *El material de Seth*, Jane Roberts. Editorial Luciérnaga, Barcelona, 1998.

23. *Un curso de milagros*, Kennet Wapnick. Foundation for Inner Peace, California, 1992.

24. *Muchas vidas, muchos maestros*, Ediciones B. S.A., 2004.

25. Título original: *Groundhog Day*.

26. N. de la T.: *To Kill A Mockingbird* es el título original de la novela de la escritora estadounidense Harper Lee publicada en 1960, que ganó el Premio Pulitzer. La película se estrenó en Estados Unidos en 1962 y fue protagonizada por Gregory Peck.

27. Título original: *Another Woman*, 1988.

28. N. de la T.: el autor hace un juego de palabras de difícil traducción con el verbo *assume* (asumir): *you make an ass* (ponerse en ridículo) *of u* (you) *and me*.

29. Título original: *Defending your life*, dirigida por Albert Brooks, 1991

Agradecimientos

Mi mayor agradecimiento va dirigido a Brian Preston y a nuestros perros, *Boo Radley* y *Maisey Mae*. Brian, gracias por ser la piedra y dejarme ser la cometa.

Gracias a las siguientes personas, cuyas almas han aceptado emprender conmigo este viaje: la familia Fortune, la familia Barry, la familia Opitz, la familia Preston, Mary Ann Saxon, Joerdie Fisher, Kelly Dennis, Kelley Kreinbrink, Jeff Eisenberg, Dorothea Delgado, Marilyn Whall, Doreen Virtue, Gabrielle O'Connor, Scott Schwimer, Jacqie Ochoa-Rosellini, Joe Skeehan, Teresa Griffin, Christian Dickens, Kellee White, Bernadette, Mavis Pittilla, Jean Else, Wesley Eure, Tori Mitchell, Randy Wilson, Ken Robb, Chip McAllister, Knute Keeling, Ron Oyer, la familia Kaba, Peter Redgrove, Cyndi Schacher, Antoinette Byrne, Lisa Malcom, Angie Lile, Kris Voelker, Katrin Hall y a todos los de Hay House.

Índice